财务数字化转型

大型企业财务共享服务中心
建设实践

任振清 编著

清华大学出版社

北　京

内容简介

本书从实际出发，在数字化转型的背景下结合多年实践经验将财务共享服务中心建设、运营、创新等主要内容总结提炼成一套方法论。本书主要内容为企业集团财务转型的方法，介绍了财务共享服务的基本理论和框架、战略定位、组织设计、业务流程、信息系统、数据规范、运营管理、变革管理，以及建设方法和未来发展等，为大型企业财务共享服务中心建设与运营提供参考。

本书可供大型企业的管理人员和财务人员参考，也可作为高校或专业培训机构的教材。

图书在版编目(CIP)数据

财务数字化转型：大型企业财务共享服务中心建设实践 / 任振清 编著. 一北京：清华大学出版社，2020.7（2023.4重印）

ISBN 978-7-302-55743-2

Ⅰ. ①财… Ⅱ. ①任… Ⅲ. ①信息技术－应用－企业管理－财务管理 Ⅳ. ①F275-39

中国版本图书馆 CIP 数据核字(2020)第 104784 号

责任编辑：崔　伟　高晓晴
装帧设计：孔祥峰
责任校对：马遥遥
责任印制：丛怀宇

出版发行：清华大学出版社
　　　　　网　　　址：http://www.tup.com.cn，http://www.wqbook.com
　　　　　地　　　址：北京清华大学学研大厦 A 座　　　邮　　　编：100084
　　　　　社 总 机：010-83470000　　　　　　　　邮　　　购：010-62786544
　　　　　投稿与读者服务：010-62776969，c-service@tup.tsinghua.edu.cn
　　　　　质 量 反 馈：010-62772015，zhiliang@tup.tsinghua.edu.cn
印 装 者：三河市人民印务有限公司
经　　　销：全国新华书店
开　　　本：170mm×240mm　　　印　　张：13.75　　　字　　数：222 千字
版　　　次：2020 年 9 月第 1 版　　　印　　次：2023 年 4 月第 4 次印刷
定　　　价：59.80 元

产品编号：086964-01

前 言

　　建设财务共享服务中心是目前国际先进企业的普遍做法，是国内大型企业战略发展的必要举措，也是推动财务转型、规范财务标准、提高财务效率的重要手段。2013年以来，中石化、中石油、中广核等国内众多企业集团借助"互联网+"的热潮和政府扶持，开启了财务共享转型新模式。

　　财务共享服务中心建设是一项复杂的系统性工程，涉及理念认识、组织人员、业务流程、信息系统等多方面的变革，需要持续优化和不断提升。总的来说，大型企业建设财务共享服务中心通常会面临以下几个方面的挑战。

　　首先，人员难以调整。企业建立财务共享服务中心，要进行业务集中、流程再造等一系列调整。在调整中会涉及人员的变化，如工作地点变化、员工观念的转变、转岗及离退休人员的安置、员工职业发展通道的设计等问题。这些调整容易引发企业内部人员的不安感，甚至产生矛盾。企业转型升级离不开人员的积极配合和观念的转变，因此能否妥善处理人员问题，关系财务共享服务中心建设是否可以顺利推进。

　　其次，财务信息系统难以统一。统一信息系统是企业实现财务共享的重要基础之一，有助于企业提高数据质量和流程自动化水平。大型企业下属单位众多，内部信息系统多样，如果无法统一这些信息系统，数据的共享与利用、财务工作的效率都会受到制约，进而影响企业财务数字化转型的进程。

　　最后，运营管理体系不完善。财务共享服务中心是一种创新的财务组织模式，需要建立完善的运营管理体系，确保业务规范执行、保持组织健康活力。目前，大多数企业的财务共享服务中心的运营管理活动相对简单，如果不能建立完善的运营管理体系、针对不同建设阶段选择不同关注重点持续评价并改进业务流程，财务共享服务中心的发展将会受到重大影响。

为了帮助更多企业在数字化转型背景下做好财务转型及财务共享服务，我们结合多年实践经验，将财务共享服务中心建设、运营、创新等主要内容总结提炼出一套方法论并编写成本书，希望能够为大型企业财务共享服务中心的建设与运营提供参考。

作　者

2020 年 5 月

目　录

第 1 章

企业集团财务转型

随着社会生产力的极大发展，社会经济环境及结构正在迅速变化。

企业信息化水平的不断提高，大大促进了企业的产业结构升级和组织架构的转型变革，这导致企业财务系统也亟待转型。传统的企业财务系统无法充分发挥出应有的管理决策职能，财务与业务过于分离，未能向业务部门提供决策支持。同时，传统企业财务事前预算不力，事中跟踪指导不够，事后分析不到位，无法满足企业迅速发展、扩张的需求。为了改善现状、解决传统财务存在的问题，财务转型势在必行。

1.1 企业集团概述

1.1.1 企业集团的含义

企业集团，是指由若干相对独立的企业法人和事业单位法人组成，具有以核心企业为主体的多层次组织结构，通过资产、生产经验、技术、服务等纽带结成一体的经济组织。

从企业的组织形式来看，企业集团并无固定的组织模式；从法律形式上看，企业集团作为一个整体并不是法人，也不具备相应的民事权利，而是由多个法人构成的企业联合体。

1.1.2　企业集团的特点

1. 法律地位

企业集团是由许多法人组成的联合体，这种联合体将来很可能受到《中华人民共和国合伙企业法》(以下简称《合伙企业法》)的调整。

2. 组织形式

企业集团是企业联合体的名称，不是一个经济实体，也不具有企业法人资格。集团与成员企业之间没有明确的产权关系，通过契约、资产的划拨管理或授权经营为纽带，联合若干企业组成，具有多层次的组织结构，从而达到一定的经营规模。

3. 注册方式

企业集团是由若干个企业法人组成的联合体，它是一群经济实体，无须进行法人登记。

4. 组织机构

企业集团的组织机构由集团章程(集团成员协商一致)决定。

5. 管理的原则和依据

企业集团实行统一管理的原则，是由成员企业讨论通过的章程决定的，其管理模式的选择由内部决策产生。

6. 责任和财务制度

企业集团并不是独立的纳税主体，但要编制合并会计报表，其法律后果由集团成员企业负连带责任(集团章程另有约定的除外)。

1.1.3　企业集团的治理结构

由于企业集团的组建类型、组建动力、组建目的及组建方式不同，其管理体制也不同。

国外企业集团较多地利用控股和合同契约来实现内部控制，即成员企业之间缔结以建立控制关系为内容的协议。协议不仅涉及企业之间的债权债务关系，而且直接关系到相关企业之间的内部组织联系和权力分配。

在我国现行的立法与实践中，企业集团通常采取控股、划归管理、合同契约、国有资产授权经营四种控制手段。虽然我国有关法规、政策文件大多鼓励运用控股形成集团内部的控制关系，但在控制的标准、母子公司关系问题上尚无法可依，所以控股型企业集团在实践中并不多见。划归管理这一控制手段，是指在政府主管部门的指导下，把一些国有企业划归核心企业管理，这种控制手段带有政府的行政干预色彩，在实践中有时会违背成员企业的自愿原则。对于企业合同契约这一控制手段，我国虽然推行过承包和租赁形式的合同，但这两种合同却不是典型的企业合同。过去的实践证明，承包租赁形式的合同没有达到预期效果，收效甚微。授权经营的意义在于经过政府或国有资产主管部门授权的集团总部或核心企业代表其行使股东权力，在集团总部或核心企业与通过行政方式划转而来与之没有任何产权关系的成员企业之间建立起一定的经营管理模式，从而实现企业集团利益最大化。目前，我国企业集团普遍存在历史遗留问题复杂和自有资金短缺等现实问题，在投资设立或购买成员企业能力不足的情况下，国有资产授权经营就成为一种组建企业集团的通常办法。

归纳起来，企业集团的治理结构分为两种基本类型。

1. 松散(契约)型企业集团

松散(契约)型企业集团，是指产业链上下游衔接或同类行业(产品)的企业，利用资源的整合优势或企业之间关联交易较为密切并存在契约关系组建的企业集团。这种经济联合体大多具有横向联合性，主要优势是管理方便、横向冲突少。但是，横向联合成一体的各部门对于联合体的战略发展各存私心，不能从根本上对联合体的运营尽心尽力，导致企业集团缺乏向心力。

2. 管理型企业集团

管理型企业集团，是指随着市场经济的发展和企业内部资源重组整合的需要，依靠行政手段或者资产关系，由集团总部授权代表出资人对各成员企业资源进行全面经营与管理的企业集团。集团与成员企业间并无控股与被控股的关系，而是由同一出资人或主管部门作为投资主体出资兴办的企业。。

管理型企业集团治理结构的基本特征主要体现在如下几个方面。

(1) 集团总部在治理结构中的唯一性。集团总部作为出资人的唯一代表，与各成员企业是垂直式领导与被领导的关系，相当于企业集团内部的高层管理者(集团总部领导层)与中层管理人员(各成员企业领导层)之间的关系。出资人赋予集团总部以虚拟股东身份享有最高的权力，包括对出资人所属企业的财产资源、人力资源、市场资源等各种资源享有支配权、收益权及重组权，同时也包括对各成员企业高层领导人员的考核权、聘任权、任免权及调动权。成员企业虽然是独立法人，但在投资、融资、担保，以及资产的处置上没有自主权。

(2) 集团总部在组织机构中的权威性。在企业集团的治理格局中，企业的决策机构是集团总经理办公会；总经理、财务总监、副总经理等高级管理人员对总部各成员企业拥有垂直统一指挥、全面负责的职权；总部各部门负责人拥有对下一组垂直部门实行垂直领导和统一协调、统一部署的职权；总部各部门对不属垂直管理的各成员企业及部门只能进行业务指导与参谋咨询，不能直接指挥和下达命令。

(3) 成员企业在经营管理中的统一性。企业集团采取签订内部经营责任书的方式对成员企业进行目标经营管理，并且建立起相应的内部经营考核体系，对成员企业的经营业绩进行考核与评价；在日常经营管理工作中，企业集团通过下发文件通知、制定规章制度、监督检查等手段管理和规范成员企业的生产活动与经营行为，成员企业在集团的统一领导下，组织自己的生产经营活动。

1.1.4 企业集团的管理模式

企业集团管理的核心是确立总部与下属公司的责权分工，通过对集团总部的功能定位和职能共享来推动集团业务战略的实施。管理模式的选择将成为集团化管理所需要考虑的首要问题。

1. 集团管理模式的内涵

管理模式是一个相互影响、相互支持的有机体系，其确定过程需要涉及三个层面的问题：首先，狭义管理模式的确定，即总部对下属企业的管理模式；其次，广义的管理模式，它不仅包括狭义的、具体的管理模式，而且包括公司治理结构的确定、总部及各下属公司的角色定位和职责划分、公司组织架构具体形式的选择、对集团重要资源的管理方式，以及绩效管理体系的建立；最后，对与管理模式相关的一些重要外界因素的考虑，涉及业务战略目标、人力资源管理、工作流程体系及管理信息系统等。

2. 集团管理模式的具体形式

根据企业集团的集权、分权程度不同，可以把集团总部对下属企业的管理模式划分为财务管理型、战略管理型和操作管理型三种模式，如图 1-1 所示。

图 1-1 企业集团的管理模式

(1) 财务管理型的企业集团管理模式，是集团总部只负责集团的财务和资产运营、集团的财务规划、投资决策和实施监控，以及对外部企业的收购、兼并工作。下属企业的战略计划不需要集团总部的审批，只需要报集团总部备案；集团总部一般不干预下属企业的投资决策，只是为下属企业提供所需资金，并对下属企业的资本投资回报率进行监控；集团总部为下属企业制定财务目标，并对其进行考核，不参与具体的经营管理；集团总部只对下属企业的最高领导进行管理和考核。

在实行这种管理模式的集团中，各下属企业业务的相关性可以很小。总部主要负责资产运作，因此总部的职能人员并不多，主要是财务管理人员。这种模式可以形象地表述为"有头脑，没有手脚"。典型的财务管理型集团公司有通用电气、和记黄浦等。

(2) 战略管理型的企业集团管理模式，是集团总部负责整体的财务、资产运营和战略规划，各下属企业(或事业部)同时也要制定自己的业务战略规划，并提出达成规划目标所需投入的资本预算。集团总部负责审批下属企业的计划并给予有附加价值的建议，批准其预算，再交由下属企业执行。下属企业的重大投资需要通过集团总部的审批，并对资金使用进行控制；集团总部为下属企业确定财务目标和重要经营目标，同时考核其财务和经营业绩；集团总部除了管理和控制下属企业的核心高层管理人员外，也对下属企业骨干管理人员和技术人员进行适当的规划。

在实行这种管理模式的集团中，各下属企业业务的相关性很高。为了保证下属企业目标的实现以及集团整体利益的最大化，集团总部的规模并不大，但主要集中在进行综合平衡、提高集团综合效益上做工作。如平衡各企业间的资源需求、协调各下属企业之间的矛盾、推行"无边界企业文化"，以及实施高级主管的培育、品牌管理、最佳典范经验的分享等。这种模式可以形象地表述为"上有头脑，下也有头脑"。运用这种管理模式的公司有英国石油、壳牌石油、飞利浦等。目前世界上大多数企业集团都采用或正在转向这种管理模式。

(3) 操作管理型的企业集团管理模式，是集团总部通过职能管理部门对下属企业的日常经营运作进行管理。为了保证战略的实施和目标的达成，集团对各种职能的管理非常深入，集团总部保留的核心职能包括财务控制/战略、营销/销售、新业务开发、人力资源等。下属企业的战略计划、投资计划、经营计划、固定资产购置与折旧计划，以及人力资源计划都由集团总部控制，下属企业只负责执行各种计划。

在实行这种管理模式的集团中，各下属企业业务的相关性很高。为了保证能够正确决策并能应付解决各种问题，集团总部需设置很多职能人员，规模庞大，我国的企业集团大多采取此类管理模式。

财务管理型和操作管理型是集权和分权的两个极端，战略管理型则处于中间状态。根据实际运用情况，通常又将战略管理型进一步细划为"战略控制型"和"战略设计型"，前者偏重于集权而后者偏重于分权。选择什么样的管理模式，要根据企业不同的发展阶段来决定。企业集团的起步阶段，集团的组织机构不健全，总部的控制能力不强，成员企业的业务流程、管理能力和发展水平参差不齐，各种信息不对称，因此客观上要求建立统一集中的信息系统和管理流程再造，提升集团的控制能力，比较适合采取操作管理型管理模式；企业集团的成长阶段，随着企业集团整合的深入，通过强化内部管理，健全企业组织机构和规章制度，集团总部具备了较强的行为能力，成员企业之间具有较高的资源相关性，比较适合采取战略管理型的管理模式；企业集团的成熟阶段，组织机构稳定，各项业务有了稳步的增长，成员企业内部自我约束、自我发展机制健全，内部控制比较完善，风险控制能力大幅提升，集团整体效益显著提高，这种情况适合采取财务管理型管理模式。

1.2　企业集团的财务管理类型

1.2.1　集权型财务管理模式

1. 集权型财务管理模式概述

集权型财务管理模式中，企业集团的财权绝大部分集中在集团总部，对成员企业采取严格控制措施并统一管理。

2. 集权型财务管理模式的特点

集权型财务管理模式的特点是：财务管理决策权高度集中于集团，成员企业只享有少部分的财务决策权，其人、财、物及供产销统一由集团集中控制，成员企业的资本筹集、投资、资产重组、贷款、利润分配、费用开支、工资及奖金分配、财务人员任免等重大财务事项都由集团统一进行管理。集团通常下达生产经营任务，并以直接管理的方式控制成员企业的生产经营活动。在某种程度上，成员企业只相当于集团的一个直属分厂或分公司，投资功能完全集中在集团。

3. 集权型管理模式的优缺点

(1) 集权型企业集团财务管理的优点：便于指挥和安排统一的财务政策，降低行政管理成本；有利于集团发挥财务调控功能，完成集团统一财务目标；有利于发挥集团财务专家的作用，降低财务风险和经营风险；有利于统一调剂集团资金，保证资金头寸，降低资金成本。

(2) 集权型企业集团财务管理的局限性：财务管理权限高度集中于集团，容易挫伤成员企业经营者的积极性，抑制成员企业的灵活性和创造性；高度集权虽能降低或规避成员企业的某些风险，但决策压力集中在集团，一旦决策失误，将造成巨大损失。

1.2.2. 分权型财务管理模式

1. 分权型财务管理模式概述

采用分权型财务管理模式的企业集团，成员企业拥有充分的财务管理决策权，而集团对成员企业的管理则以间接管理为主。

2. 分权型财务管理模式的特点

分权型财务管理模式的特点为：在财权上，成员企业在资本融入、投出和运用，以及财务收支费用开支、财务人员选聘和解聘、职工工资福利及奖金等方面均有充分的决策权，并根据市场环境和公司自身情况做出更大的财务决策；在管理上，集团不采用指令性计划方式干预成员企业的生产经营活动，而是以间接管理为主；在业务上，鼓励成员企业积极参与竞争，抢占市场份额；在利益上，集团往往倾向于成员企业，以增强其核心竞争实力。

3. 分权型财务管理模式的优缺点

(1) 分权型企业集团财务管理的优点：成员企业有充分的积极性，决策快捷，易于捕捉商业机会，增加创利机会；减轻集团的决策压力，减少集团直接干预的负面效应。

(2) 分权型企业集团财务管理的局限性：难以统一指挥和协调，有的成员企业因追求自身利益而忽视甚至损害企业集团的整体利益；弱化集团财务调控功能，不能及时发现成员企业面临的风险和重大问题；难以有效约束经营者，从而造成成员企业"内部控制人"的问题，挫伤广大职工的积极性。

1.2.3 财务集中管理模式

1. 财务集中管理模式概述

财务集中管理是在财务信息集中的基础上，实现集权与分权相结合的一种新型财务管理模式。企业集团的财务信息集中是以信息技术构建的网络环境为前提，以集团统一的核算制度、统一的报告制度和统一的管理制度为保证，利用现代大型数据库技术，将成员企业的信息集中管理，实现集团内部集中监控、规模经营和资源共享。

财务集中管理模式由四个方面组成：第一，业务一体化的核算平台，它使信息的反映更有时效性，加强对业务的事中和事后控制；第二，建立全面的预算管理和控制体系，使企业的财务管理活动在预算控制之下，按时按量进行投入和回收；第三，资金动态集中管理，掌握企业集团资金，实现对资金的动态管理和控制，在集团范围内统一配置和运用资金；第四，业绩考核与评价，围绕集团财富最大化的目标，依据财务信息集中实现的信息共享，建立以评价获利能力为主，评价偿债能力、资产运营效率和发展能力为辅的财务目标评价系统，科学合理地评价企业的绩效，支持战略决策。财务集中管理模式可以通过财务信息集中的四个方面，有效地配置财务管理权限，达到财务监督和控制的目的，实现集权与分权的有机结合。

2. 财务集中管理模式的特点

除此之外，要正确理解财务集中管理模式的特点，还要充分认识两个区别：

(1) 财务集中与集权管理的区别。"集中管理"不等于"集权管理"，集中管理为集权管理与分权管理提供了信息平台和控制手段。

财务集中管理体现的是基于网络环境的一种集团财务监控方式的选择，是将企业集团所属各单位的财务情况全部纳入统一的核算与管理之中，对成员企业的经营活动进行实时有效的监督与控制，保证集团整体战略目标的实现。其实施的对象包括会计集中核算和资金集中管理，所属单位具有日常决策的权利及执行集团各项政策的义务，财权仍在不同的利益团体。财务集中管理体现的是财务业务一体化管理模式，一方面，它通过网络技术实现会计的集中核算，将企业的财务会计数据集中于集团总部，使集团可以随时调阅各成员企业的财务数据，并随时生成集团的合并报表，消除了集团与成员企业之间信息不对称的弊端；另一方面，通过商业银行的企业网上银行系统，集团内部成员企业在一家银行开立统一银行基本账户，在此基础上进行资金集中管理，实现了集团所有下属单位资金的集团内循环，并能够集中资金进行集团战略投资和偿付即将到期的债务，可以有效降低集团的资金成本和财务风险。

财务集权管理是指企业集团母子公司的财务管理决策权，包括融资决策权、投资决策权、资产处置权、资本运营权、资金管理权、成本费用管理权和收益分配权等一系列关系到财务管理的权限，绝大部分集中于集团层面。财务集权管理是集团集中控制和管理集团内部的经营，从而做出财务决策，而所有成员企业必须严格执行集团公司的决议，各成员企业仅仅进行短期财务规划和日常财务管理的一种财务管理模式。集权管理是基于集团财务的分层管理思想，在集团成员企业之间的财务管理决策权限的划分上，将财务管理决策权集中于集团，一方面便于集团调动内部生产资源，实现资源的合理配置；另一方面便于集团通过对产品结构、组织结构的整体优化降低集团的财务风险和经营风险。但如果集权过多，往往会极大地挫伤成员企业经营者的积极性，抑制成员企业的灵活性和创造性。

在实行财务集中管理后，成员企业的财务数据都集中于总部，可以随时调阅察看，下属成员企业的任何异常都逃不过集团总部的眼睛。与常见的"集权管理"相比，财务集中管理不排斥分权，强调的是在一定监管规则下的适度分权、重要业务信息的共享和业务过程的可视和控制，而不是集团总部取代下属分成员企业所有的自主经营和决策权。企业集团完全可以根据本身的特点制定相应的方案。

(2) 财务集中管理模式与传统分散式管理模式的区别。

传统的集团财务管理是一个分散的管理流程：企业下属各个成员企业组织财务人员，设立独立的会计账簿，进行会计核算，并在会计期末结账后向上级单位递送书面报表。企业最高管理层在会计期末经过合并报表，得出整个集团的经营状况。这种"分散"式的管理流程以反映单个会计主体的经营信息为中心，通过合并报表实现对整个集团经营情况的了解。在这种分散的集团财务管理模式下，集团整体的财务信息只能通过合并生成的三张财务报表显示，报表之外，不能获取集团企业更有价值的经营信息，降低了财务信息的完整性和价值。在这种模式下，只有到会计期末，各个会计主体结账后，才可得到有关成员企业经营情况的报表，也才能汇总得出整个集团的经营情况和财务状况，而市场情况瞬息万变，要求集团总部随时做出决策，并实施必要的调整，这种滞后的信息很难对集团总部的决策起到有效的支持作用。

互联网技术的高速发展为数据信息的集中提供了可能，集中财务管理的思想开始出现，要求对传统的财务管理流程进行修订，由集团总部统一设立"一账式"会计账簿，统一制定会计科目、人员权限、业务流程等，各成员企业在上级公司规定的范围内增设会计科目、人员等，并基于互联网在异地独立录入数据，电子数据集中存储于集团总部数据库，并由集团统一结账，编制会计报表。这种模式实现了集团公司的会计集中核算，使集团公司能够实时查询与处理相关信息，实时生成合并报表和账务数据，并能实现跨账簿、跨企业和多维的数据统计和分析。

1.3 企业集团的财务管理模式

1.3.1 企业集团财务管理模式的选择

1. 我国企业集团的财务管理现状

在我国，大部分企业集团为管理型企业集团。由于管理型企业集团是政府或者国有资产主管部门通过划归管理或授权经营的方式组建成立的，存在着先天性的不足，主要体现在产权不清、出资者不明、财务关系不顺、责权失衡、缺少外部监督机制等问题，致使"内部人控制""团而不集""集而不团"的现象比较突出。

2. 改变我国企业集团现状的方式

为了解决企业集团内部信息严重不透明、不对称和不集成，致使集团总部的高层决策者难以获取准确的财务信息等问题。应当选择建立财务"决策层→管理控制层→核算操作层"自上而下的全透明的集中管理和监控信息网络，以财务管理进步促进企业管理进步，提高集团核心竞争力的财务集中管理模式。实行财务集中管理的主要目的就是为了增强集团总部对下属单位的财务监控力度，这也符合企业集团财务管理特征和原则的要求。

3. 选择企业集团财务管理模式的方法

企业集团财务管理模式的选择，还要充分考虑集团当前所处的发展阶段、集团内部的组织结构形式、成员企业所在地的外部环境，以及集团整体发展战略等因素。任何一种财务管理模式都各有利弊，对于企业集团财务管理模式的选择，要因地制宜和因时制宜。

1.3.2 企业集团财务集中管理模式

结合我国目前大多数企业集团的实际情况，管理型企业集团选择"财务信息实时集中，集权与分权结合"的财务集中管理模式为最优。

要保证集团能够从源头实时获取真实、正确的信息，必须建立集团财务信息一体化平台，其设计包括如下三种模式。

1. 实时集中模式

实时集中模式又称完全集中模式，是指集团总部与各下属成员单位之间建立实时的网络系统，形成信息一体化平台，集团统一制定财务制度，如会计体系、预算体系、人员权限等并下发给集团成员。整个集团只使用一套财务管理软件，所有分支机构作为集团的责任中心，在一套账簿里完成会计凭证填制、总分账簿登记、会计报表生成等工作，实现财务业务网上一体化在线处理。集团层面通过细化岗位职责和业务流程，赋予各级财务管理人员相应的权限，就可以达到重新配置财务管理权限的目的，对经济业务进行实时监督与控制，从而实现整个集团的财务集中管理。实时集中模式如图 1-2 所示。

该种模式一般适用于企业集团对下属成员企业进行统一管理、实时控制、协同运作，并对内部财务报告的时效性、深度和广度要求都很高的企业集团。

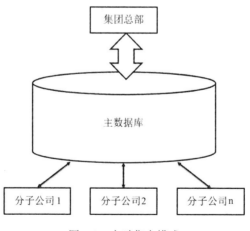

图 1-2 实时集中模式

2. 定期集中模式

定期集中模式，是指集团总部与下属成员企业之间建立定期集中的财务信息一体化平台，在日常业务处理过程中下属成员企业将数据保存在当地，并定期(如日、周、月、年)通过网络等传输介质将各单位的账簿数据或者会计报表数据上传到集团进行集中管理。定期集中模式如图 1-3 所示。

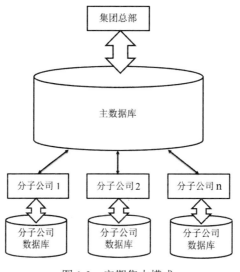

图 1-3　定期集中模式

从企业集团管理和控制的角度看，将实时控制权和管理权下放给下级成员，集团总部主要通过定期数据汇总、查询、统计和分析，对下属成员企业进行有效控制和评价。

从企业集团内部报告要求看，定期账集中模式和定期表集中模式对集团内部报告的支持度有较大的不同，定期账集中模式在内部报告的正确性、有效性、广度和深度上都优于定期表集中模式。

3. 混合集中模式

混合集中模式，是指实时集中模式和定期集中模式相混合的模式，它具有两者共同的特征。如一些大型企业集团，其涉及多行业，而且是跨区域经营，因此可成立二级行业管理部门，并将三级相同行业的成员企业归属相应的二级管理部门进行管理。二级部门对三级部门采用实时集中模式，一级部门对二级部门采用定期集中模式，并要求在不同的层级上提供不同的内部财务报告。

1.4　企业集团财务管理转型

1.4.1　传统财务管理模式

1. 传统财务管理模式的运行方式

传统财务管理模式围绕着审核原始单据、记录账簿、编制财务报表等传统核算工作来开展，重点关注财务报表编制质量、是否遵循内部控制制度、是否遵循企业会计准则等传统财务管理事项，财务职责与财务人员岗位也是按此构架进行设置与执行的。在很大程度上，传统财务管理模式独立于企业经营活动之外，主要针对财务结果进行分析，属于事后分析。

2. 传统财务管理模式的弊端

传统财务管理模式的这种以事后管控为主的形式，缺乏对战略决策的信息提供与引导支撑，未对企业经营运行效率、资源使用效率等非价值指标进行管理，这会导致企业运行成本增加、投资额度增长等价值指标的恶化。这些非价值指标如果没有有效措施进行管控，很大程度上会影响企业战略的实施，最终导致企业无法持续发展。其具体表现如下。

(1) 财务核算标准化程度不高。传统财务管理模式下，财务核算组织架构一般由行政级别的财务核算体系组成，财务人员分级分散处理核算业务。岗位一般按收入、成本、资金、应付往来、税务、财务报表、财务分析等业务模块进行设置，会计人员处理业务局限在本岗位单一业务。由于受到人员数量的限制，会计人员很少与其他岗位进行轮岗或交流，导致业务素质无法全面提升。另外，各级人员因学历、能力等因素，对会计准则、内部控制等制度理解、运用的水平不一，对 ERP 等财务核算系统的运用熟练程度不同，导致不同人员、不同公司对同类业务的核算标准不一致，财务核算标准化程度不高，进而影响财务信息的质量。

(2) 管理目标及行为存在短期性。传统财务管理模式下，财务管理以利润最大化为最终目标。以利润最大化为目标可以促进企业加强管理，提升核算规范性，进而提升企业的效益，但企业管理者为追求利润很大程度上会注重短期效益而忽略企业的长远规划。

(3) 缺乏对外部环境的适应性。传统财务管理模式下，财务管理只注重企业内部管理，重点关注通过压降成本来实现财务管理的目标，并通过核算成本来作为产品或服务的定价依据，缺乏对外部环境的深入研究和适应。

(4) 业务与财务融合不充分。传统财务管理模式下，财务部门仅仅作为业务数据的被动接受者，财务对业务管理的指导不足，未建立有效的财务信息反馈机制，业务与财务的融合不充分；企业内部价值链管理未实现有效贯通，企业内部的建设、维护、运营、营销衔接不流畅；只注重对财务指标的解释、评价，缺乏对业务过程的服务支撑与监控。

(5) 企业价值导向机制不健全。传统财务管理模式下，财务管理价值导向机制不健全，运营管理粗放，在企业内部各主体之间往往只重视抢资源、分盘子、大投入，而对资源使用效益、投入产出回报关注不足。加之各层级 KPI 考核指标设置不合理，缺乏效益导向的统筹引导，不同运营主体、不同部门避重就轻，逃避责任。在这一过程中，全面预算管理的资源统筹配置不到位，各单位资源使用效益和预算目标执行的过程监控不足，对各类资源效益导向动态优化调整不及时，经营效益评价和过程管控支撑亟待加强。

(6) 对战略决策的支撑力度不够。传统财务管理模式下，财务管理处于企业流程末端，对财务结果形成的过程干预能力和手段不足。财务管理人员的专业能力、分析能力与前瞻性意识还有所欠缺，在企业内部对前端业务的支撑不够，无法满足前端部门对各类信息的要求，从而无法支撑企业的战略决策。

1.4.2　财务转型的必要性

财务转型，是指会计工作由核算型向管理型转变。其中，"核算型"指的是以报账为目的，以记账、算账、报账为主要内容的财务工作体系；"管理型"指的是由管理会计、财务会计、成本会计、财务管理、财务分析等有机组合的整体，是一个以经营管理、经营决策为目标的财务工作体系。所以，财务转型指的是会计工作向内部扩展，扩展为"核算"与"管理"相结合的会计工作体系，且重心在于管理。

传统财务工作主要有会计核算、资金管理、预算管理、费用管理等，财务部门把大部分资源花在了基础的会计核算工作上，在管理上存在很多不足。对于资金管理，财务部门大多只是对资金的日常使用进行监督，缺乏对资金使用计划、资金运作等进行管理。对于预算管理，财务部门大多只重视预算指标的分配，缺乏对预算执行情况的监督，缺乏对部门之间整体协调的考虑。对于费用管理，财务部门的工作重心在报销的手续，缺乏对费用使用过程的监督。

综上所述，传统财务转型是必要的，具体表现在如下几个方面。

1. 企业经营管理需要财务更多地参与到业务中来

一直以来，企业财务部门缺少与其他部门之间的联系和沟通，与企业的业务相脱离。财务部门不了解企业的业务情况，不仅无法为业务部门提供支持，反而财务上的某些决定有可能会阻碍业务部门的正常发展。财务考虑问题的时候容易更多地站在自身的角度，以满足财务目标为导向，对于业务部门的实际需要则考虑较少，这会导致目标虚设，执行与目标脱节。业务部门也会认为财务部门成本控制得过于严苛，两个部门之间就会有所冲突。

需要解决财务部门与业务部门的矛盾，就需要将财务与业务相融合，逐步实现财务业务一体化。财务部门只有真正了解业务，才能为业务部门提供决策支持，例如，在制订财务计划时，考虑到业务部门的战略方向；透过财务数据看懂业务部门的发展走向，分析数据背后深层次的原因，进而给出采购建议、生产建议、价格建议等，而不只是做一些简单的数据指标分析。此外，业务人员也应该懂一点财务知识，这样才能更好地利用财务数据做好后期的业务规划。财务人员应与业务人员在日常工作中加强沟通，密切配合，在经营过程中的每个环节给出针对性的建议，为业务提供有力支持。

2. 企业需要财务创造价值

长久以来，财务部门的主要作用就是记账、算账、报账，主要记录公司的经营过程，处理历史信息，满足投资者、市场监管者、社会公众和政府等外部使用者的需要。但是，这个过程无法产生价值，即缺乏为内部管理者提供经营管理决策等以提高经济效益为目的的服务。财务部门只发挥了"价值守护"的作用，没有直接创造价值。但随着经济环境日趋复杂，企业必须不断提升竞争力，迫切需要财务部门发挥管理决策的作用，以提升企业的核心竞争力和价值创造力，帮助企业转型升级，使财务部门也成为创造价值的部门。这就需要加快财务转型的脚步，尽快实现财务工作的重心从核算向管理决策的转变。

3. 企业需要提高数据的利用效率

传统会计信息系统重事后，轻事前、事中；重财务，轻业务；重数据，轻信息；重报告，轻分析。这样的会计信息系统无法充分发挥辅助管理的作用，即使财务人员想做好财务管理工作，系统也不能提供很好的支持。要想有效实现管理，单靠财务信息系统是不够的，企业应将业务信息纳入系统管理的范畴，建立财务信息与其他业务信息的接口并统一所有分子公司的业务流程，统一数据口径。此外，当前会计信息系统更重视数据的输入，而对于数据存储、数据的加工处理、数据分析等方面不够重视，还有所欠缺。如何利用系统进行深层次的财务数据分析是会计信息系统的突出问题，财务转型的过程中，信息系统的改革也是重要的一步。

1.4.3　财务转型的关键问题

1. 信息系统不统一

很多集团公司在建设信息系统时，部分系统是下级单位自己设计建设的，内部对信息化建设的控制是离散的，多个单位的系统和软件都不一样，且不同系统之间没有接口，要形成统一的管理系统有一定难度，信息系统不统一使得信息在企业间不能顺畅流动，无法共享，导致了"信息孤岛"问题的发生。信息系统不统一的具体影响如下。

首先，信息系统之间的沟通成本过高，因为要实现数据在不同的没有接口的系统间传输，只能手动导出导入数据。这么做不仅耗费时间、增加了工作量，而且容易因为人为操作的原因出错，增加了检查和修改错误的成本。

其次，数据失真，因为不同系统的统计口径不同，数据进行汇总上报时需要统一口径，在这个过程中可能会使数据出错，使信息的可信度降低。

最后，信息系统不统一无法为集团提供全局化的决策支持。因为系统分散在各单位，各单位之间没有联系，无法利用数据互相参考，集团总部也不能及时获得各下属单位的实际情况，数据汇总时也容易出错，需要很高的检查成本，数据的有效性有待提高，信息系统基本上只能为各自的单位提供局部的决策支持。在竞争越来越激烈的市场环境下，信息系统如果不能被很好地利用、为企业提供决策支持，对企业来说是一个很大的弱势，这也是财务转型过程中的一个难点。

2. 财务部门与业务部门之间欠缺沟通

大多数企业的财务部门与业务部门之间欠缺沟通，业务人员与财务人员互相不理解，有时甚至会有矛盾。比如财务人员制定预算指标时主要关心成本控制，而业务部门有自己的工作计划和战略目标，两者之间如果没有很好地协调，可能会导致财务制定的预算指标过低，业务部门超预算幅度大。业务人员经常认为财务人员过于关注成本控制而低估了业务发展所需资本，财务人员则认为业务人员不懂控制成本的重要性。二者之间互相不理解会导致财务部门无法为业务部门提供有帮助的管理决策。

3. 业财融合度不够

大多数企业的财务系统只是实现了会计核算自动化，与业务系统之间没有连接，不能互通数据。财务系统与业务系统相互独立，使财务人员不能做好决策支持工作。业财融合度不够，会产生如下负面作用：

首先，财务信息系统只采集需要核算的经营业务数据，而业务过程的执行情况、业务活动中伴随的物流和信息流等由业务系统采集整理，这使同一经济业务活动的数据被分散在了财务和业务两个系统中。在汇总同一经济业务的全部数据时，容易发生数据不一致或重复汇总的问题，需要花时间检查数据和删除重复的数据，降低了数据的可靠性和时效性。

其次，财务人员仅仅了解片面的经营信息，对业务的整个过程没有全面深入的了解，难以看清业务的本来面目，不能结合业务数据做更实际的分析，也就难以为业务人员提供有价值的决策支持。

再次，财务系统与业务系统相独立，使财务人员不能发挥更大的监督职能，无法实现实时监控。目前财务人员的工作主要涉及事前预算、事后核算，缺乏对业务执行过程的监督。

最后，财务系统和业务系统互相独立，导致财务人员不能及时了解业务部门的执行情况，要了解数据只能靠手动传输，十分耗时，致使信息滞后，无法实现实时监控。

4. 复合型人才缺失，难以满足财务转型的要求

构建财务共享服务中心后，大量的财务人员将被解放出来，参与到决策工作中。但是长期在核算岗位工作的财务人员难以胜任战略财务和业务财务的工作，这是因为我国大部分会计从业者的工作职责就是会计核算，大部分企业的财务部门与业务部门也是互相独立没有互动，财务人员接触不到业务，对业务一窍不通。为了财务转型，实现财务业务一体化，需要财务成为业务的支持部门，更大地发挥财务的管理职能，这就需要财务人员不仅仅要具备财务知识，还要懂业务、懂管理。目前，财务人员接受过的教育以财务专业知识学习为主，欠缺管理会计、管理学方面知识的学习，缺少管理素质。财务人员入职之后的岗位培训一般只针对具体的岗位进行业务训练，也不会教授其业务知识和管理知识，上岗后也只局限在日常的财务工作中，接触不到企业的业务，因此财务管理的复合型人才比较少。财务人员的水平正限制着企业的发展，企业要想在管理水平上有所突破，提高管理效益，更好地发挥财务的作用，提高战略决策水平，创造更多的价值，就需要提高财务人员的水平，不光要提升财务专业水平，更需要财务人员了解更多业务知识，培养财务人员的管理能力。

5. 缺少配套的人才激励机制

一般而言，国企相对稳定，企业也很少辞退员工。由于没有被辞退的风险，员工的工作积极性就不高。另外，很多国有企业的管理岗位的工资是相对固定的，以

级别工资和职务工资为主，工作做得好坏，对工资的影响幅度很小，不利于激发管理人员创造价值的积极性。相对固定的薪酬分配和终身制的雇佣关系，使得工作人员缺乏工作热情，一些管理人员的工作流于形式。此外，国企在收入分配方面经常是平均分配，企业缺少一套完善的薪酬激励制度，使得企业核心骨干成员的工资远低于市场价值，导致企业留不住人才。

管理工作很需要发挥管理人员的主观能动性，如果没有很好的、配套的激励制度支撑，给不了管理人员足够的动力，管理人员往往只是得过且过地工作。现行的薪酬绩效制度使得财务管理人员没有足够的动力主动提供决策帮助，发挥管理职能，这就不利于财务工作的重心向管理决策转移。

1.4.4　财务转型的问题对策

1. 信息系统顶层设计、统一规划与建设

做好顶层设计并统一规划、统一建设、统一运维是完善信息化治理的必经之路。目前信息系统的整合包括推倒重建法、中间件技术整合法、定制开发法三种。推倒重建法就是用新系统直接替换原有的系统，这种方法适用于功能比较单一的系统。中间件技术整合法适用于一些不可替代的关键系统，由于不可替代，只能采取添加中间件接口进行技术补充，整合成新的集成信息系统。定制开发法是采用定制化开发的形式进行独立开发工作。

值得注意的是，所有的软件都有生命周期，一般每 5 年企业的需求就会发生变化，并带动软件更新换代。企业要抓住这一机会，在更新换代的窗口期设计建设统一的软件和系统，以实现信息系统的更新对接。预判窗口期时，企业的实际需要是规划设计系统的重点。

2. 加强财务与业务的沟通

财务部门与业务部门应加强沟通和交流，减少互相的不理解，财务人员应了解业务知识，帮助业务人员了解财务专业知识用于辅助其工作，这能够使两者的沟通过程更顺畅。财务人员应转换仅以财务视角看问题的方式，改变过于关注风险的工

作作风。在考虑问题时还要考虑公司如何才能获得更多利润，考虑业务部门的实际需要，考虑财务管理决策是否符合集团战略目标，帮助企业创造价值，实现利润最大化。财务人员不应只在预算、资金结算时对业务部门进行管控，还要参与到整个业务流程中去，监控资金使用情况，同时还要密切关注企业外部环境的变化，及时提供专业的财务分析服务，为业务部门做好决策支持。

3. 业财流程一体化

业务财务流程一体化，是指通过信息系统使业务与财务流程相融合，实现业务与财务数据共享，减少了人为干预导致的错误。

企业需要实行业务财务流程一体化，改变财务部门与业务部门互相独立的关系，方便财务人员及时监控经济业务活动，以及利用业务与财务数据做分析决策，让管理者能够更及时、更清楚地了解企业经营情况和业务情况，提高数据利用价值。

实行业务财务流程一体化要重构财务流程，以往的财务理念主要以做报表为目的，信息使用者主要是外部监管人、投资人，财务流程设计是以商品消费者为导向的，很少考虑企业内部信息使用的需要，使得财务、业务人员之间难以协调。这种理念已经过时，满足不了企业发展的需要，企业需要财务部门能更大限度地发挥管理决策职能，将财务的作用从价值守护转为价值创造。此外，重构财务流程时应以提高企业整体价值为导向，财务与业务人员应该是伙伴关系，共同为企业创造价值。财务流程重构的过程中还要调整财务组织结构，以往的会计组织结构分为执行层和管理层，执行层只负责日常核算和执行上级下达的决策，管理层负责上报会计信息并监督管理执行层的工作，财务没有发挥对企业的管理决策职能。在调整财务组织结构时应以业务流程为导向安排岗位职责，财务人员需要参与到业务流程中去，时时刻刻为业务提供决策支持，执行层应该被赋予更多权力。由于构建了财务共享服务中心，企业可以大幅减少核算岗位，执行层可以把更多精力放在管理决策上，做好日常业务的监督工作，为业务人员提供财务视角的决策帮助。

4. 培养复合型人才

企业需要提高财务人员的业务水平和管理能力，具体可以通过建立完善的财务人员培训与发展制度、直接雇佣有业务经验的财务管理人员等方法来实现，以便财务人员能够胜任业务财务和战略财务的工作。

企业可在新的财务人员入职时，可以先安排他们去业务部门轮岗，参与到研发、生产、销售、售后服务等所有业务流程中去，以便让财务人员全面深入地了解业务的整个流程和运作机制，了解每个流程的工作内容，知道这些流程是如何创造利润的。同时，可以安排培训课程，讲授业务和管理方面的知识，辅助新员工加深理解。

企业还可以直接雇佣具有业务经验的财务人员，比如在业务岗位工作过的财务人员，或是本科毕业于业务相关专业但硕士毕业于财务类专业的应届生，并且在入职前让其先在业务部门工作一段时间。也可以让一些有管理经验的业务人员去接受在职或者脱产的财务专业教育，培养其成为具有业务管理能力的财务人员。

5. 完善薪酬制度

为调动财务人员工作的积极性，企业可以建立多层次的薪酬激励机制，分别对员工层、管理层的不同岗位设计激励方案。例如，对于业务财务岗位，企业可以制定提成工资的分配方式，业务财务人员的工资与项目收益直接相关，更利于发挥人员的积极性；企业可以利用股权激励的方式对从事财务管理工作的人员发放股权进行激励，使员工的利益和企业的利益一致，促使员工以实现企业价值最大化为目标积极工作。企业应完善绩效考核制度，以提高员工工作效益为目标，按照定性与定量相结合的原则进行考核。

企业可以建立薪酬激励效果反馈机制，通过对薪酬激励后的财务、管理指标进行分析比较，评价当前薪酬激励机制的有效性和合理性，不断修正和完善薪酬激励体系。

1.5　企业集团财务转型的路径

企业集团财务转型聚焦收入增长、资源配置优化、资源资产效率提升、战略服务支撑等管理环节，依托财务人员转型和流程优化、信息系统支撑，构建起战略型财务管理体系。

从国内外企业实施财务转型的实践经验来看，财务转型路径有三种趋势：一是更新系统，更加注重财务控制、财务预测与决策；二是面向业务，提供支撑服务；三是优化财务组织，提升核心竞争力，集中投资于核心竞争力项目。将三种转型趋势有机融合最终建立一套高效精简的财务体系，可以实现企业价值最大化的最终目标。

企业集团财务转型体系框架从财务战略规划、财务共享服务中心建设、管理会计应用三个逐渐递进的层级展开。

1.5.1 财务战略规划

财务战略规划以企业聚焦战略为指导，目的是全面提升企业战略支撑服务能力、价值管理能力，提升效益，促进企业价值可持续发展，持续推进与深化财务转型工作。

财务战略规划以企业发展战略为引领，在财务组织角色转换、财务组织架构设计和财务组织职能定位三个方面进行规划。

1. 财务角色转换

财务战略规划要求财务人员应从思维方式和工作方式两方面进行角色转换，以推进财务角色从传统的"报账会计"向"风险管控专家""价值管理专家""战略支撑信息提供专家"发展。财务组织角色的转换，应建立在核算和监督职能实现的基础上，即在做好财务工作的基础上充分发挥财务统筹优势，利用**数据**优势、全局优势、税务专业优势，参与业务过程，进行风险评估，在盈利测算过程中进行业务的过程管控，发挥财务专业顾问的作用，成为企业业务的风险管控与价值协同者。在实现"风险管控专家""价值管理专家"的基础上，通过财务数据与业务数据的衔接，以及从战略角度在企业变革中发挥统领作用，激发基层单元活力，逐步实现企业"战略支撑信息提供专家"角色的转换。

2. 财务组织架构设计

在战略型财务管理整体框架下，核算会计与管理会计相对分离又互相依托。财务战略规划要求企业设置财务共享中心，实现传统职能集中化变革、核算一体化与财务组织扁平化。同时，构建企业级战略型管理会计，形成战略支撑能力。

3. 财务组织职能定位

财务组织职能定位将财务划分为战略财务定位、共享财务定位、业务财务定位，即实现了指导、执行、分析的"三分"职能划分。

战略财务定位于服务企业战略的财务管理职责，形成价值管理、专业化财务、战略服务支撑，参与企业战略的制定和推进，负责财务管理变革、全面预算管理、战略成本管理、税务政策和筹划；负责资金、成本资源的集中管控和配置，会计政策和报表披露管理，评估财务流程风险，服务企业管理层和业务部门。

共享财务定位是在核算一体化、标准化、规范化、集中化的基础上，实现会计核算与财务共享，提供资金支付、报账审核、数据支撑、流程管理等标准化服务。共享财务定位负责落实内控管理要求、授权管理制度、制定会计核算规范和资金支付规定；通过集中化将会计核算流程制度化、稽核与对账标准化、资金收付管理规范化，确保财务报表信息的准确性、相关性与及时性，确保核算的权责发生制；依据统一的核算标准，负责营业收入、营销成本、管理费用、在建工程期间费用资本化，以及固定资产折旧计提等工作；负责财务报账从制单、复核到导入全流程的管理，编制与出具内部、外部财务报表，为公司管理提供财务数据信息。

业务财务定位负责业务支持和过程管控，进行业务发展相关的经营计划和预算、业务模式和分析；促进企业战略和政策向业务单元推进、落实；执行企业预算配置原则、成本管理导向、风险管理要求，将财务共享中心提供的财务数据转变为有效的财务信息，服务基层单元，是业务部门的合作伙伴。

1.5.2　财务共享服务中心建设

共享服务的概念始于 20 世纪的美国，它是在公司国际化、信息化快速发展，企业经营规模高速增长的背景下，管理和控制活动的一项重大创新，通过对集团内部有关业务流程进行分析和评估，分离出一部分日常的、共性的、重复性的、可标准化的管理控制活动，由集团内部专门机构进行统一、标准、快速的处理服务，从分散的组织中获取资源、人力、技术优势，是实现企业内部各流程标准化和精简化的一种创新手段，有利于促进集团内部业务流程的简化和优化、标准的统一和集中管控，提高企业整体运行效率和效益。

共享服务作为一种合作策略，它将企业现有的某一特定子功能集中起来，独立形成新型的、具有自治管理能力的经营单位。该单位依照公开市场竞争性企业的机制运作，具备一定的管理结构，能够实现效率改进、价值创造、成本节约，以及对公司内部客户不断改进服务的功能。共享服务有利于促进公司内部业务流程的简化和优化，有利于业务标准的统一和集中管控，提高企业整体运行效率和效益。目前，共享服务已经是国际先进企业通行的管理模式，其在财务、人力资源、信息技术、采购等业务领域较为普遍，其中，财务共享服务应用最广且最早。

财务共享服务是一种依托互联网、移动终端与电子商务等信息技术，将不同组织和部门中的财务业务集中到一个共享服务中心进行统一的处理和报告，以财务业务流程处理为基础，以优化组织结构、规范系统流程、提升流程效率、降低运营成本、强化决策支持、创造企业价值为目的，以市场视角为内外部客户提供专业化、标准化服务的管理模式，是财务会计向管理会计转型升级的有效路径。

1.5.3 管理会计应用

1. 业财融合的财务体系

业财融合的内涵就是按照内部价值链形成机制建立专业化的财务支撑体系，以业务单元为基础，将财务管理延伸到产品方案、市场政策、营销政策、行政综合等业务单元，明确财务支撑前端业务的职责，实现盈利测算、会计政策、风险防范的事前、事中的管控，由会计核算向决策支撑、风险管理转型。通过专业化财务这个"抓手"将价值最大化的企业目标分解落实到各业务流程和战略单元，以保证企业目标的顺利实现。通过财务管理与业务流程紧密结合，主动为企业内部相关部门提供决策支撑服务，从运营角度，对前端业务进行预测和规划，使财务管理支撑体系全面应用于企业各业务流程，增加了财务与各环节的协同，以发挥协同效应。

2. 价值导向的全面预算管理

价值导向的全面预算管理体系是面向企业战略的，以企业价值最大化为最终目标，在传统全面预算管理的基础上，运用多种分析手段和技术方法，通过强化自由现金流、资产收益率(ROA)、经济增加值(EVA)等体现企业持续竞争能力的指标设定，使得企业获得持久的竞争优势。并且在预算编制、执行、评价的整个过程中将结果评价和过程评价有机结合，它能够从战略高度正确评价企业经营业绩的是非、得失与功过等，从而力求高屋建瓴地确立企业在市场竞争中的战略优势地位。

3. 数字化时代的资金管理

数字化时代资金管理体系是以线上线下一体化为"抓手"，以支付公司平台为手段，建立以订单为驱动，去现金化、去层级化，减少人工操作，责任清晰的全业务场景、端到端的业务管理体系，明确资金计划、支付、监控的要求。

综上所述，企业集团财务转型不是一场革命性的变革，而是持续渐进且不断完善的变革。财务共享中心作为企业集团财务转型的重要组成部分，承担了引导集团财务转型起步的责任，也为管理会计应用奠定了坚实的基础。

本章小结

在企业集团财务转型的过程中，要处理好财务转型的关键问题并做好相应对策，选择好财务转型的关键路径，对财务战略规划、财务共享服务中心建设、管理会计应用等方案同步开展建设，并做好新时代、新形势下的管理变革。

财务转型工作不是一蹴而就的，需要循序渐进，做好财务共享服务中心建设是财务转型的关键起步。

第 2 章

财务共享服务中心基本理论

随着世界经济全球化的不断发展，跨国企业间的竞争也是日益激烈。企业间的兼并、合并，以及企业内部的整合等都日趋增多，全球经济发展的一体化、企业发展的规模化已成为一种不可逆转的趋势。在这样的背景下，各跨国企业都希望运用更为先进和有效的管理思想和技术手段来增强自身的竞争力，于是纷纷建设财务共享中心，这使财务共享服务得以被广泛运用。

2.1 财务共享服务中心概述

财务共享服务中心的根本任务是为企业提供财务共享服务，具体目标为依托信息技术，以财务业务流程处理为基础，以优化组织结构、规范业务流程、提升工作效率、降低运营成本和创造价值为目的，以市场视角为内外部客户提供专业化生产服务的分布式管理模式。随着经济的全球化，财务共享服务从最初的在制造业领域中应用，逐步向包括生产、消费、投资在内的各个领域扩散，其包含的内容也相应扩大到技术共享、企业管理、资源配置、企业文化等方面。

2.1.1　财务共享服务中心产生的背景

在经济全球化的背景下,不断产生和发展的跨国企业为了保持其行业领先地位,不断加快步伐,快速地在全球范围内布局。虽然不同的国家和地区在经济、文化、政治等方面都有自己的特点和差异,但是可以通过资金运作、技术共享、劳务输入输出、商品的流通、文化交流等各种途径将企业分散在世界各地的分支机构联系起来,形成了一个紧密相连的整体。因此,多数跨国企业就以复制的方法快速而方便地实现了全球扩张。

然而,在不同的国家和地区建立相对一致的分支机构,在人力资源、财务管理、物流控制、原料采购等职能部门的建立上可能会存在着重复性,这无疑会加大公司的成本投入。在竞争愈演愈烈的情况下,企业如何以高效率、低成本来推动跨国集团公司的经营战略成为企业管理机制的一大重要研究课题。

此外,由于分散在不同国家和地区的分支机构,在不同的文化背景和管理方式下可能会使用不同的服务标准、行为准则,造成了整个企业集团内部管理的不一致,从而直接影响了企业的发展步伐。基于公司内部这些支持职能部门在运作模式上的欠缺,越来越多的集团企业管理层意识到必须要对其进行变革,使职能部门能够配合企业集团跨国、跨地区经营的运营模式,并且能推动和更好地发挥其内部支撑的作用,为企业带来更多的价值效益。

在内部和外部因素的双重作用下,共享服务应运而生。同时,信息技术的高度、快速发展为财务共享服务的建立提供了技术支持。各种新型管理手段,如企业业务流程重组(BPR)、供应链管理(SCM)、客户关系管理(CRM),以及各种 ERP 系统等被各企业所采用,大大地提高了企业推进流程标准化的步伐,从而为财务共享服务的产生和发展提供了基础支持。

2.1.2　财务共享服务中心的理论基础

财务共享服务中心的理论,主要基于规模经济理论、核心竞争理论、业务流程再造理论、企业增值理论、服务质量与效率理论,以及扁平化架构理论6个方面。

1. 规模经济理论

规模经济，是指企业由于运营规模的不断扩大，分摊到每一个单位产品的单位固定成本会降低，即生产的产品越多，利润就越高，从而使生产效率提高。

规模经济理论阐述的是生产规模扩大时对生产结果或者收益的影响。当生产规模的扩大比率小于生产结果或者收益增长的比率时，规模收益会呈现递增趋势；而当生产规模的扩大比率大于生产结果或者收益增长的比率时，规模收益则呈现递减趋势。

产生规模经济的主要原因为：首先是操作流程分割的结果，即以最少的投入来完成任务的执行。其次是专业化分工的结果，即同等数量的劳动者通过专业的分工，可以完成比以往多许多的工作量或生产量，这是由于劳动者的工作技巧因专业而进步得更快。同时，在专业化分工后，避免了由一种工作转移到另一种工作的时间损失，提高了工作效率。最后是大规模的生产，随着生产量或者工作量的增加，每一个单位产品所分摊的固定成本会下降。

财务共享服务中心的建立，能集中处理多个业务单位的业务流程，通过专业化的劳动分工，整合了原来分散的工作任务。在专业化分工的前提下，员工的专业技能得到提升，工作速度加快，从而提高了生产效率，降低了劳动成本。

2. 核心竞争理论

核心竞争理论认为企业应该明确自己的核心优势和核心业务。核心竞争力强调的是企业必须让自己成为产业价值链中的某一个环节，特别是关键环节上最有竞争力的一方，这样企业在市场上才有主动权，使自己成为行业中的佼佼者。

对于企业来说，任何资源都是有限而重要的，企业不可能在所有的领域都拥有相同的竞争力，所以企业必须认识到自己的优势所在，集中有限的资源，投入自己所擅长的领域，而把不擅长的事务性流程归集到内部的共享服务中心去运作。此外，如果某些业务不是企业的核心业务，但对企业来讲很重要，那么也应该把这些业务流程转移到企业内部的共享服务中心去，从而让企业更好地投入核心业务的开发，创造更多的核心优势，使企业的有限资源得到充分利用，提高核心竞争力水平。

3. 业务流程再造理论

业务流程再造理论诞生于 20 世纪 90 年代，是美国麻省理工学院教授迈克尔·哈默和詹姆斯·钱皮提出的。他们认为，业务流程再造是为了飞跃性地改善成本、质量、服务、速度等现代企业的运营基础，必须对工作流程进行根本性的重新思考并彻底改革，把传统的工作流程按照专业分工的原则进行革命性的拆分，然后由各自相对独立的部门来运作。

财务共享服务中心的任务，就是将大量的需要重复处理的业务流程集合起来，集中进行处理，提高企业整体的运作效率。

4. 企业增值理论

企业增值理论，是指企业在运行过程中集中资源迅速扩张、建立新的业务模式、扩大市场占有率，从而使整个企业的价值不断增长。

财务共享服务中心的设立可以促进企业集团专注于前台业务的开发和发展，其强力的支持职能，可以随时为企业前线业务的开发和发展提供有效的支撑。对于新的业务，企业无须再考虑建立财务、信息系统、人力资源、客户服务等后勤支持部门。

5. 服务质量和效率理论

服务质量和效率理论，是指企业应及时、积极地了解内部服务对象的需求及其反馈，不断改进和提高服务的质量和效率。

财务共享服务中心设立的目的是集中规模并将相同的工作内容集合在一起，把这些流程操作制定得更标准，分工也更细致，从而使工作更简单。财务共享服务将企业的业务流程进行职能上的细分和相应的工作流程再造，使得每一项细分的工作职能的承担者可以更专业、更有效率地操作，由此为内部工作人员提供更好的服务质量和服务效率。

6. 扁平化的架构理论

扁平化的架构理论，指的是打破公司内部组织架构上过多的层次，扩大管理的范围，使得信息和任务能快速有效地下达到执行人员，这样的架构使得组织更灵活、更敏捷。企业有了扁平化的架构，可以灵活和迅速地应对市场和技术等方面的不断变化。

财务共享服务中心可以尽可能扩大管理的范围，减少了纵向的管理层次，使原先分散在各个业务部门的团队架构扁平化，优化了组织架构，减少了上下的管理层次，相应也减少了成本费用的支出。这样的架构使得执行行为更统一，信息的收集和处理更快速。

2.1.3　财务共享服务中心现状与发展趋势

随着全球经济的迅猛发展和企业竞争的日益加剧，财务共享服务作为一种新型的管理模式，通过将易于标准化的运营业务进行整合、流程再造，以提高效率、压缩成本、提高服务水平，解决了大型企业集团财务组织重复建设和效率低下的问题，顺应了国际特大型企业财务转型趋势，为企业管理服务提供了全球范围最佳配置的可能。

通常情况下，共享服务的发展阶段可以分为单一功能的共享服务，多功能的共享服务，集成的多功能共享服务，一体化的共享服务四个阶段，如图 2-1 所示。

图 2-1　共享服务发展趋势

1. 国外财务共享服务中心发展概况

共享服务的概念产生于 20 世纪 80 年代，布赖恩·伯杰龙(Bryan Bergeron)在其所著的《共享服务精要》一书中指出，共享服务是将非核心业务集中到一个新的半自主业务单元，这个业务单元就像外部企业一样提供计费服务，设有专门的管理机构，目的是提高效率、创造价值、节约成本，以及提高对公司内部客户服务的质量。共享服务是管理领域的变革和创新，通过将企业分散式进行的某些重复性的业务整合到共享服务中心进行处理，以促进企业各业务单位集中资源专注于自身的核心业务，创建和保持长期竞争优势，并达到整合资源、降低成本、提高效率、提高客户满意度等目的。

福特公司于 20 世纪 80 年代初在欧洲成立了世界上第一个提供财务服务的共享中心，这是全球范围内最早出现财务共享服务的标志。

目前，财务共享服务在国外已得到了较为广泛的发展和应用，世界《财富》500 强企业中，有 50%的企业实施了共享服务，而排名前 100 强的企业中，更是有 80% 的企业建设了财务共享服务中心，这些公司遍布多个行业和领域。国外财务共享服务中心发展概况，如表 2-1 所示。

表 2-1 国外财务共享服务中心发展概况

行业名称	企业名称
石油石化行业	埃克森美孚公司
	荷兰皇家壳牌石油公司
	英国石油公司
	康菲石油公司
	道达尔石油公司
	雪佛龙公司
	沙特基础工业公司
化工行业	巴斯夫公司(BASF)
	帝斯曼公司(DSM)
医药行业	拜耳公司
	阿斯利康制药公司
	瑞士罗氏制药公司

(续表)

行业名称	企业名称
日用品行业	宝洁公司
	联合利华公司
	强生公司
汽车行业	福特公司
	菲亚特汽车集团
	沃尔沃公司
	美国卡特彼勒叉车公司
电气行业	通用电气公司(GE)
	美国瑞恩电气有限公司
零售业	沃尔玛公司
	法国家乐福集团
快速消费品业	可口可乐公司
	百事可乐公司
	百威英博公司
金融行业	德意志银行
	荷兰国际集团
	汇丰银行(HSBC)
	美国银行
电子行业	西门子公司
	瑞典爱立信有限公司
	索尼电子公司
	飞利浦公司
信息行业	微软公司
	思爱普公司(SAP)
	优利系统公司(UNISYS)

国际大型公司是根据各自不同的业务成熟度与自身的情况相结合来逐步实现共享服务的价值。所以，国际上共享服务的主要发展趋势是向高效、集成与一体化的方向发展。

共享服务在全球范围内已经得到了较为普遍的发展和应用。根据 SAP 北美用户协会的对标调查分析数据显示，财务共享服务给客户带来了显著价值。在财务方面，实际收益与运营成本的提升在平均 50%左右，而在采购、IT、HR 等职能方面，实际收益与运营成本的提升也在 10%~30%不等。通过这组数据不难看出，国外大型公司实施财务共享服务为其发展带来了巨大的效益，并且通过一个较长的发展周期，它们还会逐步提高自身的共享服务能力水平。

2. 国内共享服务中心发展概况

财务共享服务在中国已经度过了概念导入时期，进入了快速发展阶段。从最初对概念的浅显理解，到现在的积极推动和繁荣建设，这十多年来，财务共享服务在中国得到了蓬勃发展。

从国内发展趋势来看，近年来国家和政府通过发布相关规范和通知、组织相关研讨会，鼓励大型企业、企业集团研究财务共享服务方案、建立财务共享服务中心。例如，财政部《企业会计信息化工作规范》(财会〔2013〕20 号)指出，分公司及子公司数量多、分布广的大型企业和企业集团，应当探索利用信息技术促进会计工作的集中，逐步建立财务共享服务中心。国资委《关于加强中央企业财务信息化工作的通知》(国资发评价〔2011〕99 号)指出，具备条件的企业应当在集团层面探索开展会计集中核算和共享会计服务。

伴随信息技术的快速发展与变革，中国的企业也经历了从会计电算化到财务信息化的转变，越来越多的企业已经从信息化中受益。财务共享服务中心的发展与信息化紧密相连，网络报账、影像系统、资金交易处理平台已经成为今天财务共享服务中心的标配工具。绩效管理、质量管理、客户服务也越来越多地依靠系统来支持。可以说，信息技术成就了中国近年来财务共享服务快速发展的进程。

随着国内企业国际化视野的不断拓展，财务共享服务在国内得到了长足发展。目前，华为、中兴通讯、四川长虹、万科、宝钢集团等国内大型企业已经成功应用了共享服务，中石油、中国电信、中广核等大型央企也在不断探索财务共享服务的管理模式，部分外资企业也把亚太地区的财务共享服务中心设置在中国。国内设置财务共享服务中心的企业，如表 2-2 所示。

表 2-2　国内设置财务共享服务中心的企业

企业类型	企业名称
中资企业	中兴通讯股份有限公司
	华为技术有限公司
	四川长虹电子控股集团有限公司
	万科企业股份有限公司
	中国宝武钢铁集团有限公司
	中国广核集团有限公司
	中国石油天然气集团有限公司
外资企业	沃尔玛中国共享服务中心
	联合利华中国共享服务中心
	卡特彼勒亚太共享服务中心
	强生中国共享服务中心
	埃森哲亚太共享服务中心

　　财务共享服务中心在建成后，为企业带来很大的价值。2015 年，安永公司财务共享服务调查报告显示，对于国内企业，"管理规范化、强化管控"和"流程优化"是财务共享服务实施后最为突出的价值体现。在支撑财务共享服务中心取得成功的首要因素中，"管理层的支持"以 100%位居首位，"流程的标准化和优化"则获得了 89%的高支持率。"统一及高效的系统"(69%)和"责任的清晰定义"(67%)次之。由此可见，对于中国境内的企业，成本节约并不是财务共享服务中心的首要目的，而标准化的流程、统一高效的系统，以及清晰的责任定义，才是我国财务共享服务中心建立的核心动机和价值体现。

总结来说，我国财务共享服务中心的建设呈现快速增长的趋势。同时，建设中面临的挑战也是多样化的，涵盖信息系统、沟通机制、人员管理、流程优化、服务层级提升、绩效考核、人员招聘等多方面。

2.2　财务共享服务中心的应用模式

根据财务共享服务的演进，可以将财务共享服务中心的应用模式分为四种，即基础性共享服务模式、共享服务市场化模式、共享服务高级市场模式，以及共享服务独立经营模式。财务共享服务中心应用模式，如表 2-3 所示。

表 2-3　财务共享服务中心应用模式

财务共享服务模式	主要内容
基础性共享服务模式	利用规模化和标准化的服务为企业客户达到降低成本的目标，是一种托管式的服务模式
共享服务市场化模式	企业客户可按照自己的意愿和实际情况来选择共享服务模式
共享服务高级市场模式	企业客户具有对服务的提供者进行选择的权利，一旦客户觉得内部的服务无法满足自身需求时，则有权更换自己满意的服务
共享服务独立经营模式	财务共享服务中心作为一个独立运营体，凭借专业技术知识和技能优势，与外部咨询机构、第三方外部服务机构等展开完全商业化的竞争，通过为多个企业客户提供服务来创造收入和利润，服务收费也完全是"市场化"的

2.2.1　基础性共享服务模式

大型跨国公司的分支机构遍布世界的各地，所以将分散在各地的服务部门集中到一起的趋势就更为迫切，这对整个集团公司来讲，可以降低经营成本，还可以将各部门从纷繁复杂的日常工作中解脱出来，集中更多的精力和资源到具有战略意义的管理环节中去。

基础性共享服务模式的主要原理是对日常的行政管理工作进行整合，并且着眼于规模经济和服务收费来抵补成本的支出，它的主要目的是降低成本，规范和标准操作程序，以此来保证企业的良性发展。在建立和运行这种类型的财务共享服务中心的过程中，负责人应该具备创新的思想，特别是在服务思想和服务模式上的创新。

2.2.2　共享服务市场模式

共享服务市场模式，是指客户对于自己所需要的服务具备了选择权，特别是专业的咨询服务，可以选择的空间更大。因此，共享服务市场模式的核心可以用"自愿"来描述，即是为客户量身定做的，是为了满足客户的特殊要求。

在基础性共享服务模式阶段，服务内容都是由公司的职能服务部门来制定的，其他部门被动接受，没有特别大的选择余地。向共享服务市场模式转变后，企业对自己所需的服务有了决定权和选择权。

共享服务市场模式能够为企业内的各个部门提供各种类型的服务，节省经营成本，还可以提供特定的服务来满足企业不同部门的特殊需求，同时监督各项政策制度的执行状况，及时采取适当的措施纠正，甚至提供更深、更专业的财务决策服务，为企业的发展提供决策信息。

2.2.3　共享服务高级市场模式

共享服务发展到高级市场模式后，服务和控制相分离，财务共享服务真正向市场模式转变。也就是说，服务部门已经专注于服务的提供，在专业水准上不断提高，从而更好地满足客户提出的要求，逐渐成为独立的服务提供机构。

在共享服务高级市场模式中，客户具有对服务提供者进行选择的权利。一旦客户觉得内部的服务部门无法满足自身需求时，他们就有权去外部购买自己满意的服务。在这一模式中，内部服务的提供者与外部服务提供者产生了竞争的状态。另外，在该阶段，企业内部服务的商业化趋势很明显，共享服务机构可以对外提供服务，通过收取市场价格的服务费来弥补服务机构的成本支出。为了在市场上更有竞争力，内部服务的提供者还会想办法降低成本，提高服务的质量，集中精力对外出售服务产品，实现利润的获取，就如同是一个真正的营业实体。

2.2.4 共享服务独立经营模式

追求利润的独立性是现在所知的共享服务的终极模式，在共享服务高级市场模式阶段，一些共享服务组织在满足内部服务需求的基础上，在本身能力允许的情况下寻求适当的外部服务机会，并且很好地运作了这种商业模式，与外部的同类服务机构进行服务质量和价格上的竞争，获取更多的客户群。这些共享服务部门全面走向了市场化运作的模式后，成为公司的又一个独立的业务部门，即进入共享服务独立经营模式。

在共享服务独立经营模式阶段，财务共享中心作为一个独立的运营体，凭借专业的技术知识和技能上的优势，开始与主要的外部咨询机构、第三方外部服务机构等展开完全商业化的竞争，通过为多个客户提供财务服务来创造收入和利润，财务共享服务中心的服务收费也是完全"市场化"的，经营目标也清晰地转变为创造收入及产生利润。

2.3 财务共享服务中心的发展方向

2.3.1 财务共享服务中心的普及性

财务共享服务中心未来在企业集团中的运用将越来越普及。现阶段，中国企业将更多的精力放在降低成本、提高财务人员能力、提升内部控制和风险管理能力等方面，而财务共享服务则是解决以上问题的主要方式。加上一些政府部门、财务会计协会和专业咨询公司的推广，以及一些成功的企业案例分享，财务共享服务中心在集团企业中的运用将越来越普及。

2.3.2　财务共享服务中心向利润中心转变

从财务共享服务中心拓展的增值服务来看，财务共享服务中心开始从成本中心向利润中心转变，即高级市场模式与独立经营模式是一种最优的运营模式。

集团企业经过初期的财务共享服务中心建设，积累了一定的知识和经验，可以通过内部共享服务市场化的方式，向内外部客户出售共享服务、转让或外包共享服务中心业务。财务共享服务中心的经营，不再是通过服务补偿成本，而是通过服务赚取利润，财务共享服务中心逐步从单纯的成本中心转变为真正的利润中心。

2.3.3　财务共享服务中心的政策支持

近年来，政府相关部门逐步出台有利于财务共享服务中心建设的相应政策。如2013 年 12 月 6 日，财务部发布的《企业会计信息化工作规范》(财会〔2013〕20 号)提出，支持企业集团探索利用信息技术促进会计工作的集中，逐步建立财务共享服务中心。2015 年，中国共产党第十八届中央委员会第五次全体会议首提共享经济概念，预计以信息化为手段的共享服务理念是对未来共享经济在服务领域的一个重要支撑。

2.3.4　财务共享服务中心的信息一体化

未来，电子商务、税务和财务共享服务中心将出现信息一体化。2015 年 12 月，航天信息、京东集团和金蝶集团三方首次公开展示了全国首例增值税发票系统升级版下的电子发票，从自动开具、接收、自动记账，再到电子会计凭证自动归档的全系统闭环流程。目前，中国电子商务的蓬勃发展领先世界，电子发票作为税务电算化的重要手段，它的出现能够明显减轻原始单据流转采集的工作量。财务共享服务中心有很好信息平台，可与电子商务平台、电子发票平台进行有效集成与数据共享，使资金流、商业信息流和物流等系统得以完美构建和整合。

2.3.5　财务共享服务中心的智能化

新信息技术的发展，如云计算、大数据、物联网、移动应用、人工智能等信息技术的应用，促使财务共享服务中心越来越智能化。例如，发票自动认证、电子会计档案、影像自动识别、基于接口的自动凭证生成等。新信息技术的发展既是财务共享服务中心信息化平台的支撑，又会不断促进财务共享服务中心管理应用的发展。

本章小结

共享服务自 20 世纪 80 年代诞生于跨国公司，并随着跨国公司的不断发展而完善，至今已走过三四十年的发展历程。跨国公司通常都拥有众多子公司和分公司，而在各个子公司中，财务部门的功能也几乎都是相同的，它们几乎重复着一样的事务性和专业性的工作。如何提升财务部门的战略贡献，如何通过有效的资源配置来节约成本、提高人力资源质量，是高层管理者非常关心的问题，财务共享服务中心的建立正是基于这样的要求而产生的。

财务共享服务中心通过整合相似的业务功能，将各企业中相同的、重复的工作取消，并通过将专业人员共享，从而提升专业服务水平。它具有更快速的反应速度、更高效的信息透明度、更低廉的运营成本和更小的管理风险等特点，是目前企业降低成本、提高服务水准非常有效的一种管理模式。

财务共享服务中心作为大型企业集团提升核心竞争力的重要手段，发展已越来越成熟，应用的模式也逐渐进阶。

第 3 章

财务共享服务中心架构

　　财务共享服务中心来自企业战略的长远规划，是财务管理模式的变革。它是一套系统性工程，涉及战略定位、运营模式选择、业务流程再造、信息系统建设、组织架构设置、人员招聘和培训、办公地点选择等各个方面。所以，财务共享中心需要运用全局架构进行设计、建设与运营。

3.1　财务共享服务中心总体架构

　　对于财务共享服务中心的管理者来说，长期的财务共享服务运营容易使他们陷入局部思维和过于关注细节的困境中，从而忽视了对于总体架构的考察。实际上，建设财务共享服务中心的目的不仅仅是满足企业的财务需要，更重要的是要形成由多个要素构成的完整的架构体系。因此，在不同的层次中应用总体架构思维去开展财务共享服务中心的建设，对后续的运营管理具有非常重要的意义。

　　具体来说，财务共享服务中心的总体架构，如图 3-1 所示。

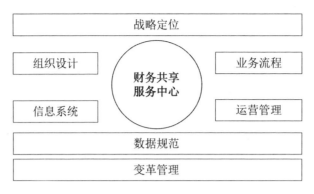

图 3-1　财务共享服务中心总体架构

图 3-1 中所示的财务共享服务中心总体架构中，各项目包含的基本职能如下。

战略定位：战略目标、战略结构和战略职能等。

组织设计：运营模式、内设机构、岗位职责、岗位人员编制、人员能力要求和人员测算等。

业务流程：流程分类、流程要素、流程服务目录，以及典型流程等。

信息系统：服务申请、自动化流程引擎、交互中心、自助服务、共享服务水平协议分析、权限管理，以及系统集成工具和知识管理等。

数据规范：数据定义、数据管理流程和数据应用场景等。

运营管理：服务水平协议、运营人员管理、运营流程管理，以及信息系统运维提升等。

变革管理：变革内容、变革模式和变革措施等。

3.2　财务共享服务中心架构要素

在财务共享服务中心总体架构中，我们需要关注各个组件的特性及相互关系。并针对每个组件进一步深化管理，具体内容如下。

3.2.1　战略定位

战略定位，是指组织通过合理的方式和途径，为目标客户提供所需的产品和服务，以获取和保持经营优势，实现公司战略目标。战略定位的目的是实现公司的发展目标，而要实现发展目标，公司必须获取和保持经营优势，而经营优势则来源于对目标客户、产品和服务，以及运营模式三方面的决策。从本质上讲，战略定位是选择与竞争对手有差异化的活动，或以差异化的方式完成相似的经营。

财务共享服务中心的战略定位包括：战略目标、战略结构、战略职能三方面的内容。战略目标是对经营活动预期目标的期望值；战略结构是财务共享服务中心的定位规划；战略职能是对整体服务模式的规划，以及未来战略财务、共享财务、业务财务的职能划分。战略定位处于财务共享服务中心总体架构的顶层地位，只有在战略层面规划好整个共享服务的方向，才能使财务共享服务中心的业务始终与公司整体的战略定位保持一致。

3.2.2　组织设计

组织架构承接了战略定位，目的是为业务建立完善的组织保障体系，围绕财务共享服务中心的战略目标，不断降低成本，提升管控能力，从而保障战略目标的实现。

财务共享服务中心组织架构的设计包括：运营模式、内设机构、岗位职责、岗位人员编制、人员能力要求和人员测算等方面的内容。一方面，财务共享服务中心的组织设计和运营模式有着紧密的联系，不同的运营模式决定了财务共享服务中心布局的差异，进而决定了内设机构的形式。另一方面，组织架构是业务流程的基础和运行的载体，信息系统又对组织架构提供了支撑，运营管理则承接了组织人员的管理责任，使人员不断优化，发挥更好的作用。岗位职责主要对各职位的工作内容进行了概括，包括职位目的、基本职责等内容，同时对任职人员的标准和规范进行描述。岗位人员编制对各职位的行为标准提出要求。人员能力要求中涵盖了胜任职位所需的知识、技能、能力、个性特征，以及对人员的培训需求等。人员测算通过细化岗位职责明确工作边界，更大程度地发挥岗位中的人员效能和实现人员价值最大化。

3.2.3 业务流程

业务流程管理，是将企业中的各项业务流程细化，通过标准化的运行方式，将业务的输入、输出有机地关联并相互转化的过程。完整的业务流程管理可以概括为流程目标确立、流程再造与组织结构调整、流程执行、流程优化与维护四个环节，并且这些环节都是围绕企业整体的战略目标展开的。

业务流程管理是财务共享服务中心建设的重心。一方面，企业需要关注流程架构设计的方式方法，选择合理的流程梳理途径，循序渐进地开展改革事宜，并在人事方面做出有效协调，为企业员工提供优良的发展渠道和培育机制，避免后续的流程管理过程中产生负面效应；另一方面，规范、标准化的业务流程能让财务共享服务中心更有效地控制运行成本，优化信息输出的质量，提高企业灵活应变的能力，综合改善企业的组织结构和资源配置，大幅度提高客户满意度，实现企业在经济效益方面的质的提升，促进企业战略目标更快落地。

3.2.4 信息系统

信息系统，是指企业利用现代计算机及网络通信技术加强管理，通过对企业拥有的人力、物力、技术等资源进行调查，加工处理并编制成各种信息资料及时提供给管理人员用于决策，从而提高企业的管理水平和经济效益。信息系统是共享服务实现落地的重要工具。

财务共享服务中心信息系统的设置模式，主要包含重量化架构设置和轻量化架构设置两种。重量化共享服务中心架构的特征是共享服务系统不但包括共享服务的运营管理功能，还包括业务功能。轻量化共享服务中心架构的特征是共享服务系统仅包括共享服务组织自身业务的运营和管理功能，以服务的方式提供总账、应收、应付、固定资产等功能。两种信息系统架构各有利弊，企业应该根据自身的情况来进行选择，通常来说，大型企业更适用于轻量化共享服务中心架构。

3.2.5 数据规范

数据规范是财务共享服务中心信息系统的基础和前提条件，也是规范核算工作、提高会计质量和出具会计报表的基础。数据规范包含财务数据规范、数据流程规范、数据业务应用三方面的内容。通过数据的标准化，能够有效提升财务共享服务中心信息系统的使用效率和效果。

数据标准化是财务共享服务中心信息系统建设的基础，可细分为主数据和标准数据进行分类管理，并同步做好财务数据的定义、流程和应用，进而迭代地推动财务共享服务中心的优化和提升。

3.2.6　运营管理

运营管理，是对组织中负责制造产品或提供服务的职能部门的管理，运营管理的对象是运营过程和运营系统。

财务共享服务中心的运营管理包括：服务水平协议、运营人员管理、运营流程管理、信息系统运维与提升等。运营管理通过服务水平协议和被服务单位建立连接，加强人员管理，不断优化绩效、质量、服务、标准化和制度建设，加强财务共享服务中心信息系统的运维和能力提升，实现运营管理的最优化。

3.2.7　变革管理

变革管理，是指对企业内部层级、工作流程，以及企业文化进行必要的调整与改善管理，以达到顺利转型的目的。

财务共享服务中心变革管理的主要内容包括：战略变革、组织结构变革、技术变革、流程变革、企业文化变革等。财务共享服务中心是财务工作的一次重大变革，它不仅涉及理念、观念、业务模式、标准流程再造、体制机制、组织机构人员、管控方式等多个方面，而且对业务的影响也非常重大。因此，在财务共享服务中心总体架构的每个环节设计中，都必须考虑好变革产生的影响并做好应对措施。

3.3　财务共享服务中心总体架构设计的意义

对于财务共享服务中心的内涵，不能简单理解为财务集中就是财务共享，也不能按传统思维看待财务转型，而是要结合信息技术来理解数字化时代财务共享服务中心的理念。

总结来说，做好财务共享服务中心总体架构的设计，具有重要的意义，可以推动财务共享服务中心的转变，从而为企业发展提供保障。

3.3.1　功能转变

财务共享服务中心是企业集团财务管控的基本载体，合理的架构设计能够使财务共享服务中心的工作重心从价值核算向价值创造转变。价值创造包括两个方面：一方面是直接价值创造，即通过与资金结算、税务筹划、预算控制等有效结合，实现直接的价值创造。另一个方面，是通过业务单元和共享中心在价值链条上的相互协作加强管控，为企业创造价值，实现业绩目标，即间接价值创造。

3.3.2　全球化趋势

企业财务共享服务中心的发展目标是由本土化向全球化转变，为适应经济结构性调整趋势，大型企业集团进入全面深化改革阶段，经营业态多元化，新的产品、业务、商业模式不断涌现；不断围绕核心主业整合资源，组建多领域专业化子公司，以集团化形式经营；大型企业集团在"一带一路"倡议的影响下，加快"走出去"的步伐，使海外业务进一步扩张。财务共享服务中心为适应这种国际化趋势，必须进行总体架构的重新考虑，以适应逐步由本土化向全球化转变的要求。此外，具有国际化视野的财务共享方面的人才也越来越受到企业的重视。

3.3.3　职能转化

随着财务共享服务中心组织的不断发展和升级，其呈现出由成本中心向利润中心转变的趋势。随着自身业务的不断扩展，财务共享服务中心的业务范围已不仅是服务于自身所属的企业，它开始逐渐通过共享服务公司的形态为其他企业提供相关服务，进而让财务共享中心从成本中心转变为利润中心。这种职能的转化就要求组织总体架构设计的升级，以此来配合财务共享中心的业务扩展，以达到推动财务共享服务中心的职能转化，为企业获取利润提供支持。

3.3.4　人员转型

随着财务共享服务中心业务的升级，其对人员的要求也越发严格，组织成员也将由传统财务人员向复合型、专家型人才转变。通过总体架构的设计，可以帮助企业人员更快地掌握专业知识、提高业务水平。例如，财务共享服务中心搭建了财务转型的数据平台基础，进而为财务管理与管理会计的应用奠定了重要基础；通过信息技术的应用，帮助财务人员逐渐从简单的会计处理向业务流程前端拓展。通过这些架构设计，可以提升企业整体的风险管控水平，不断完善财务业务、服务业务、支持业务，为财务共享服务中心培养大量的数字专家、算法专家、模型专家、业务专家等复合型、专家型人才，不断拓展数据服务和专家咨询服务。

本章小结

财务共享服务中心的负责人应当具备总体架构思维和架构能力，从一定的思想高度去审视财务共享服务的具体设置方法、运营发展方向等，这样才能形成具有行业特征、企业特色，并助力企业发展的财务共享服务中心。

第 4 章

财务共享服务中心战略定位

战略定位，一般是指企业对自己在市场中的位置所做的判断。例如，如何打开市场、如何利用自身优势在市场中取得一席之地、如何取得行业领先地位等，这些都需要企业找到自己的核心定位，这便是战略定位。从本质上讲，战略定位是选择与竞争对手有差异化的活动，或以差异化的方式完成相似的经营。战略定位是"自上而下"的过程，这也就要求高级管理层具备相关的能力及素养。

财务共享服务中心的战略定位，其主要目的是结合公司的目标，提供必要的服务，如财务、人力、信息、数据等支持性工作，最终实现公司的总体发展目标。

4.1 财务共享服务中心战略定位框架

财务共享服务中心的战略定位框架，如图 4-1 所示。

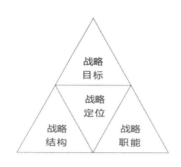

图 4-1　财务共享服务中心战略定位框架

4.1.1　财务共享服务中心战略目标

不同的企业，面临的环境、所处的阶段都存在较大差异，所以对战略目标的选择也大不一样。例如，一些企业在共享服务中心的建设中，更多地把降低成本作为首要的战略目标，而另一些企业则将加强风险管控作为建设的首要战略目标，还有一些企业希望通过新财务模式实现公司的发展目标。以上这些战略目标形式可以单独实施，也可以综合实现，即财务共享服务中心战略目标的选择要服从企业本身的战略目标，如图 4-2 所示。

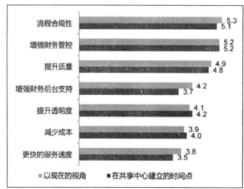

国内某企业财务共享服务中心的战略目标

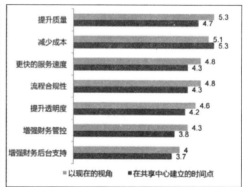

国外某企业财务共享服务中心的战略目标

说明：图中的分值越大，代表重要程度越高。

图 4-2　财务共享服务中心战略目标国内外企业对比

4.1.2　财务共享服务中心战略结构

根据企业规模、经营范围、业务模式、发展目标的不同，相应的财务共享服务中心的战略结构也应配合设计。根据经验，财务共享服务中心的战略结构主要分为专长型、区域型和全球型三种。

1. 专长型财务共享服务中心

专长型财务共享服务中心是设置单个或单类业务流程的共享服务中心，其主要任务是提供基于价值、知识的支持性服务。

专长型财务共享服务中心的主要作用是消除了重复劳动、提供专业服务，使其他部门着重于核心业务的处理。例如，IBM 在全球设置了 22 个流程中心，包括都柏林的全球现金管理中心、斯洛伐克的全球固定资产中心等，为 IBM 公司其他业务部门提供财务、人力资源、IT 等专业性服务。

2. 区域型财务共享服务中心

区域型财务共享服务中心负责区域内相关或相似业务的处理，由于是地区性的服务中心来执行具体的工作，因此可为区域中的机构提供较功能结构更多的服务，更能发挥规模效应。

区域型财务共享服务中心的组织结构是以公司在世界各地生产经营活动的区域分布为基础，每个服务中心负责管理该区域范围内的经营与业务活动。例如，通用电气公司在辛辛那提(美国)、蒙特雷(墨西哥)、布达佩斯(匈牙利)、上海(中国)、利雅得(沙特阿拉伯)设立了五大运营中心，分别为北美、南美、欧洲、亚太、中东及非洲地区提供共享服务。

3. 全球型财务共享服务中心

全球型财务共享服务中心，即成熟的财务共享服务中心，其服务范围覆盖其所服务企业的全球分支机构。

全球型财务共享服务中心能够最大限度地发挥规模效应,但实施的难度也最大。

例如，中兴通讯在西安建立财务共享服务中心，为全球 100 多个国家和地区的分支机构和分子公司提供财务服务。

📖 **案例** A公司的全球财务共享服务中心

A 公司的全球财务共享服务中心，负责公司在全球 80 多个国家分支机构的核算业务，100 多个国家的资金管理，服务语言多达 25 种，完成了全球会计政策、会计科目、核算流程、信息系统和数据标准的五项统一，已成为 A 公司的全球会计核算中心、全球资金中心和全球管理数据中心。

该财务共享服务中心以流程化、管理化的思路建立了从采购到支付、从订单到收款、从核算到报表三大流程为核心的财务运作体系，从而保障了共享服务中心的高效运作。会计核算、税务管理和资金管理是贯穿于三大流程的核心内容。

A 公司的全球财务共享服务中心通过创新、实践和总结，探索出一套先进的方法，总结为 "54321"：

5，即五个统一：统一会计政策、统一会计科目、统一信息系统、统一核算流程、统一数据标准。

4，即四个方面：战略定位、组织人力、流程系统、运营管理。

3，即三个中心：人才中心、知识中心、数据中心。

2，即两大体系：会计核算、资金管理。

1，即一个中心：一个全球财务共享服务中心。

A 公司通过全球财务共享服务中心的建设，整合企业现有业务、财务管理资源，将不同会计主体(分子公司)、不同地点的财务业务，通过人员、技术和流程的有效整合及共享，实现财务业务的标准化和流程化。通过财务共享服务中心的建设，促进企业财务管理的标准化，将分散于各业务单位、重复性高、易于标准化的财务业务进行流程再造，形成未来集中核算(集中到总部或者集中到共享中心)、统一进行处理的作业管理模式，从而把财务专家从基础的财务核算工作中解放出来，做更多有价值的管理、运营和财务分析工作。

4.1.3　财务共享服务中心战略职能

财务共享服务中心的战略职能是指服务模式的规划，即财务共享中心以何种组织形式发挥怎样的作用。

从财务共享服务中心的发展演进路线来看，它经历了分散(不同地方、相同的标准进行作业)、集中(同一个地方、相同的标准，达到集中的层次)、共享(同一个地方、相同的标准、按照专业化的分工做事，达到共享的层次)、外包(承接外包或者被外包)几个阶段。对应来看，财务共享服务中心的战略职能可以大致划分为如下四个阶段。

第一阶段：作为公司的内部职能部门

在这一阶段，财务共享服务中心的主要工作是最基础的财务核算、资金支付和报表出具等服务，服从公司领导的管理，不具有独立性。

第二阶段，作为模拟市场化运行机构

在这一阶段，财务共享服务中心的主要工作是为企业内部各部门提供服务，以企业制订的服务要求提供共享服务。部门相对独立，也具备明确的服务标准，以及计费标准。

第三阶段，作为充分市场化运行机构

在这一阶段，财务共享服务中心的主要工作依然是为企业内部其他部门提供标准化的服务，但同时服务中心也开始承接外部单位的服务请求。部门具有比较大的灵活性，已经渐渐分化成为一个相对独立的部门。

第四阶段，作为独立的共享服务公司

在这一阶段，财务共享服务中心已经完全独立，成为专业的财务共享服务公司，参与市场竞争，为市场中有需要的企业提供服务。公司有独立的服务计费标准，具有明确的商业模式。

在实践中，受制于共享服务的运营机制等客观因素，很多大型企业尤其是大型国企在财务共享服务中心建设过程中直接从第二阶段过渡到第四阶段。

📖 **案例** B集团财务共享服务中心战略定位

B集团是大型能源型国企，目前已经建设完成"1+n"的财务共享服务中心，负责四大业务板块的核算和资金结算业务，并且已成为B集团的财务管控中心、数据价值中心、财务人才培养中心。

B集团把财务共享服务中心定位为财务部门的重要支撑、财务转型的关键起步、财务管控的主要平台、管控体系落地的基本载体。其职能包含业务处理、监督控制、增值服务、运营管理、建设推广。与之相对应的财务共享服务中心的设计主要包括如下四个方面。

- **统一的财务共享中心**。遵从顶层设计，通过先试点、再推广的方式建设统一的财务共享中心。

- **统一的信息技术系统**。在信息化规划框架下，按照大集中部署方式，借助先进的信息网络、云平台架构等互联网技术，以企业总体目标为基础，实现业财系统集成，建成数据处理平台。

- **统一的财务共享标准体系**。在集团层面统一主要业务的流程标准、控制标准、会计政策、会计科目、核算规则、稽核规则和数据标准等财务标准体系内容。通过财务标准体系建设，保障财务共享服务中心运行的效率和效果，不断实现管理提升。

- **统一的财务共享制度体系**。将财务共享中心管理模式、权责界面、工作规范等进行固化，搭建涵盖纲领类、原则类、实施类的多层次制度框架体系，建立财务共享中心分层次的宣贯与培训机制，推动财务标准化的落地。

B集团通过财务共享服务中心实现了加快推动财务转型发展、有力保障财务业务标准规范、大幅提高财务工作效率的目标。

4.2　财务共享服务中心战略定位方法

　　财务共享服务中心的战略定位涉及财务、人力、流程管理、制度建设等多个方面。本节主要以财务业务的战略定位设计方法为例，详细介绍企业财务共享服务中心的战略定位方式。

4.2.1　财务业务定位

　　在财务共享模式下，财务主体划分为战略财务、共享财务和业务财务三部分，如图 4-3 所示。财务业务定位的目的，是明确财务职能的划分，以及各级主体间的权责，有效地支持整体财务管理目标的实现。

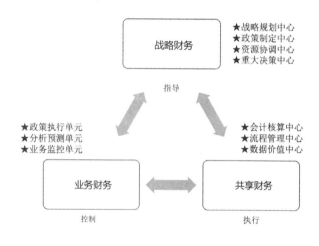

图 4-3　财务主体划分

1. 战略财务

　　战略财务，是指通过日常政策的研究、制定与发布，对公司的财务管理进行集中管控。在该定位下，集团财务将从宏观层面支持公司战略落地，对公司财务管理进行战略指导。另外，战略财务可集中协调公司资金，优化资源配置，支持公司各项工作的有效运营，并且为财务管理及公司整体的重大决策出谋划策，提供科学合理的建议。

战略财务定位负责财务管理整体的战略规划、政策制定、资源协调，以及重大决策。

2. 共享财务

共享财务，是基于共享服务中心体系建设而产生的财务主体，集中负责公司的会计核算工作，利用规模效应提高核算效率。共享财务的标准化核算流程，对财务核算进行统一管理，并且对前后端流程具有良好的协调能力。集中管理的公司财务数据，高效高质地在各个时期编制相关的财务报表和沉淀业务数据，为业务财务、战略财务提供高质量的财务数据与决策支撑。

共享财务定位负责企业的会计核算、流程管理，以及数据报表编制等。

3. 业务财务

业务财务，即基层财务部门，一般是由本地财务人员构成的财务主体，主要任务为遵循战略财务下达的各项政策与制度，配合公司财务管理的各项事宜，由上至下落实管理方针。基层财务有大量的业务、财务人员，作为业务部门的合作伙伴，应充分发挥能动性，对前端业务的经营分析提供分析工具与方法，出具财务角度的经营分析报告，为业务经营决策提供大力支持。

业务财务定位负责企业的政策执行、分析预测，以及业务监控等。

4.2.2　财务职责分工

共享运营模式下，战略财务、共享财务、业务财务按照职责进行分工，分别负责相关工作。

1. 战略财务职责分工

战略财务的主要职责，是制定公司财务发展战略、制度管理、投融资管理、税务筹划等工作。战略财务工作的具体职责如下：

1) 财务规划管理

(1) 承担战略分析、财务战略目标的制订工作；

(2) 对接各项管理要求，确保目标的实现，对财务工作进行管理和指导；

(3) 负责汇总编写企业年度工作报告；

(4) 负责国内外会计政策的研究、解读，会计流程的建立和完善，公司对外财务报告的披露，以及资源的统筹调配；

(5) 其他财务规划的相关工作。

2) 产权与股权管理

(1) 负责制定和完善公司的产权管理、股权管理、资产评估等方面的相关制度体系；

(2) 负责公司产权登记、变动和注销管理；

(3) 负责资产评估、并购、重组、股权转让等工作；

(4) 负责年度工作报告的编制、上报工作；

(5) 其他产权与股权的相关工作。

3) 成本预算管理

(1) 负责制定和完善公司的成本费用管理、财务预算管理等制度；

(2) 负责审核并下达公司所属各单位的可控成本费用、年度财务预算指标；

(3) 负责公司年度成本费用的测算、核定；

(4) 负责建立、完善公司的预算管理体系；

(5) 负责公司年度财务预算的编制、上报、控制、考核和评价；

(6) 负责对公司所属各单位年度业绩考核中资产经营指标的执行情况进行财务评审；

(7) 其他成本预算的相关工作。

4) 资金制度管理

(1) 负责制定和完善公司资金、银行账户、票据、借款和担保等管理工作的制度体系；

(2) 负责向公司股东会、董事会提报公司年度融资机构的选择、调整计划；

(3) 负责公司年度融资计划的编制、融资方案的策划，以及与融资机构的对接洽谈工作；

(4) 负责公司各项借款、担保、贴现等融资合同的管理工作；

(5) 负责公司各项融资的统计、汇总、分析、上报工作；

(6) 其他资金制度的相关工作。

5) 税务制度管理

(1) 负责制定和完善公司税务管理的制度体系；

(2) 负责国家财税政策的研究分析、培训工作；

(3) 负责公司的纳税筹划工作；

(4) 负责组织协调公司内外部税务稽查；

(5) 其他税务制度的相关工作。

6) 资产与财产保险管理

(1) 负责制定和完善公司固定资产管理、财产保险、财务信息化的制度体系；

(2) 负责公司的财产清查工作；

(3) 负责公司资产与财产保险的投保、索赔工作；

(4) 负责编制和实施财务信息化建设规划，以及日常会计信息化管理工作；

(5) 其他资产与财产保险的相关工作。

7) 财务风险内控管理

(1) 负责内部控制和风险预控，防范企业财务风险和经营风险；

(2) 加强财务风险管理，组织建立完善内部控制制度，堵塞管理漏洞，提高公司内部控制的管理水平；

(3) 完善组织结构的安排，明确财务各岗位职责权限；确保授权审批的合规性；

(4) 建立风险评估与风险预警机制，及时应对现时或潜在的财务风险；

(5) 其他财务风险内控的相关工作。

8) 财务分析制度管理

(1) 组织开展公司财务分析，建立完善的分析体系、绩效评估体系和存货管理体系，实现财务经营目标的落实与管制；

(2) 研究行业内的相关信息，跟踪财政、税收政策，并及时开展政策变动影响分析；

（3）撰写投资能力、战略规划、风险防控等各类专项财务分析报告；

（4）指导基层开展财务分析，提出财务建议；

（5）拟定公司内部管理及外部机构所需综合性财务报告；

（6）其他财务分析制度的相关工作。

2. 共享财务职责分工

财务共享服务中心负责会计核算、资金结算、标准财务报告编制等常规业务。此外，还应监督内控政策、制度在会计核算、资金结算等方面的执行情况，以及内控问题的反馈。共享财务工作的具体职责如下：

1）会计核算工作

（1）负责会计政策、制度和规范的落地；

（2）建立、执行及修订各类经济业务的会计核算标准体系和相关管理实施办法；

（3）规范各类业务的会计流程和操作规范，制定操作手册，夯实会计基础工作；

（4）编制企业快报、月报、决算报表，以及完成法定会计报表的编制；

（5）负责收入、成本、费用的会计核算工作，严格执行成本费用审批权限和报销程序；

（6）负责大修工程项目的账务处理；

（7）负责税务核算的账务处理、发票认证等工作；

（8）负责报账原始票据影像的审核工作，严格把关；负责对生产成本原始票据影像进行审核，确保票据合法、合规，真实有效；

（9）负责会计集中核算的月末记账、对账、结账等工作；

（10）负责内部往来账的账务清理工作；

（11）协助各项财务指标的统计、汇总、传递工作，满足财务共享服务中心内外部的财务信息需求，确保数字准确，报送及时；

（12）其他会计核算的相关工作。

2）会计审核工作

（1）负责组织、制定和完善公司会计审核方面的制度体系；

（2）审核资金支付原始单据影像是否齐全、信息是否一致、真实、合规，发票信息是否真实；

(3) 负责审核原始单据、领导签字等要件，核对原始单据影像信息与线上凭证信息是否一致；

(4) 负责对财务共享单位的经济业务进行财务监督，严格审批流程，按要求审核经济业务要素，规范处理会计业务；

(5) 负责各成员单位会计凭证的审核，认真做好会计监督，保证会计账务处理及时，会计科目运用准确，会计信息规范完整；审核所有账务处理是否正确，包括摘要、入账科目、入账金额、附件张数等信息；

(6) 负责资金支付的二级审核工作。

(7) 其他会计审核的相关工作。

3) 资金结算工作

(1) 按照规定做好现金管理，负责资金支付业务；

(2) 负责每日的银行存款余额与银行存款账户余额的核对工作；

(3) 负责网银与企业账簿现金的时时对账工作，及时查清网银与账簿存在的差异，确保资金支付安全；

(4) 负责法人印鉴、保险柜钥匙及密码的保管工作；

(5) 负责现金支票、转账支票的购买、登记、保管与使用，负责银行承兑汇票的接收、保管与转让工作，确保票据安全；

(6) 其他资金结算的相关工作。

3. 业务财务职责分工

业务财务主要是对前端业务的合法性、合规性、合理性、真实性负责；负责参与协助业务部门完成企业经营管理目标，确保财务和基层单位财务的战略目标最终落地；负责各单位的预算管理、资金管理、税务管理等财务工作；负责本单位的财务分析，为经营管理提供建议。业务财务工作的具体职责如下：

1) 财务预算管理

(1) 负责建立、完善公司的财务预算管理体系；

(2) 根据公司财务目标下达预算指标，对预算指标进行分解、控制；

(3) 及时掌握财政、税务等相关政策，解释与预算管理有关的法规和制度；

(4) 负责编制、修订、上报各企业中长期财务预算规划，包括中长期滚动财务预算、年度预算和短期预算；

(5) 对财务预算的执行情况进行对比，根据预算执行中存在的问题，及时查找原因，反馈相关信息，提出预算调整意见；

(6) 负责其他财务预算的相关工作。

2) 资金业务管理

(1) 汇总编制年度资金使用控制预算；

(2) 及时掌握财政、税务等相关政策，以及与资金管理有关的法规和制度；

(3) 根据年度资金使用情况控制预算，汇总、调整、分解编制月、周资金计划，以确保生产经营工作的正常进行；

(4) 负责检查各种银行票据、管理台账的建立和使用情况，不定期盘点库存现金及银行存款的余额；

(5) 负责其他资金业务的相关工作。

3) 税务业务管理

(1) 及时搜集和掌握国家及地方的税务法规政策，负责配合做好税务筹划工作及宣传工作，对税务管理提出合理化建议并跟进落实；

(2) 负责本单位税收申报、税务对外资料报送、发票开具等工作；

(3) 做好与各税务主管机关的税务协调工作；

(4) 负责编制分管单位税务相关报表、各税务主管机关和上级主管部门要求提供的其他报表、资料；

(5) 负责开展税收法规、政策的宣贯工作；

(6) 其他税务业务的相关工作。

4) 资产业务管理

(1) 认真贯彻执行国家和行业有关财经方针、政策和规章制度，及时掌握财政、税务等相关政策，解释与公司资产管理有关的法规和制度；

(2) 落实和执行公司的资产、财产保险制度和政策，确保资产的保值增值；

(3) 组织对实物的盘点，开展资产保险及理赔、物资验收等工作；

(4) 配合做好报损资产的报废、审批、处置等工作；

(5) 其他资产业务的相关工作。

5) 财务分析业务管理

(1) 对所负责财务模块的总体经营状况进行分析，为经营决策提供支持；

(2) 建立标准成本体系并不断修正、细化成本管理单元，分析成本发生的动因并及时纠偏；

(3) 收集同规模企业的经济活动数据，收集以前年度预算指标、目标成本和目标利润报告，收集预算执行情况、预算变化因素分析等方面的资料；

(4) 按月统计成本费用等信息，进行财务分析与预测，出具相关分析报告；

(5) 出具相关管理报表，满足企业经营决策的需要；

(6) 其他财务分析业务的相关工作。

6) 其他职责

(1) 业务初审，分析经济业务发生的真实性、合规性，纸质票据与影像一致性的审核，各项料工费合理性的稽核，查验发票的真假、是否超过验旧期和认证期等。

(2) 负责协助本地沟通，提供本地支持，提供核算、报表、附注信息，并根据业务的需求提出制度更新建议。

(3) 负责原始凭证的整理与传递，妥善管理会计档案及进行及时归档等工作。

(4) 其他会计岗位的相关工作。

本章小结

财务共享服务中心的战略定位决定了自身的发展方向，可以说是财务共享服务中心的根基，它决定了共享中心的组织形式、职能划分。大型企业在建设财务共享服务中心初期，就要认真考虑其符合自身发展需求的战略定位。

财务共享服务中心建设既要坚持顶层设计，又要强化组织领导，这也是大型企业公司财务共享服务中心能够持续建设、运营的最关键因素。

第 5 章

财务共享服务中心组织设计

在财务共享服务中心的建设过程中，需要进行系统性、框架性的梳理。其中，组织设计决定了财务共享服务中心在企业中的位置，以及后续采用何种组织形态和运营模式开展相关业务。

财务共享服务中心的组织设计包括运营模式的选择、布局设置、机构设置、岗位设置，以及人员设置等。

5.1 财务共享服务中心运营模式

运营模式，即运营标准，是财务共享服务中心建设顶层设计的重要内容之一。财务共享服务中心可以选择单一的或总分的运营模式。此外，设计运营模式时，还涉及选址、职责权限界定及工作分工等问题。

5.1.1 财务共享服务中心运营模式类型

根据设立的数量及服务范围的不同，财务共享服务中心的运营模式主要分为如下三种类型。

1. 分散布局，独立管理

分散的财务共享服务中心运营模式，是企业以分公司、子公司等下级单位为基础，分别设立多个共享服务中心。这种类型的财务共享服务中心彼此独立运行，分别管理。例如，中国电信、中国国电设立的财务共享服务中心。

2. 一定程度的集中布局管理

一定程度的集中布局管理，是指财务共享服务中心运营模式通常基于区域或板块的业务特点和规模，按照区域或板块划分为多个财务共享服务中心，支持其所覆盖区域或板块的业务运作。例如，华为的财务共享服务中心。

3. 集中运营，统一管理

集中的财务共享服务中心运营模式，是指企业通过设立全球统一的共享服务中心，支持集团公司所有业务的日常运作。例如，中兴通讯、蒙牛、海尔的财务共享服务中心。

根据统计数据显示，在企业设置的财务共享服务中心中，范围覆盖整个中国地区的将近70%，仅承担区域内业务板块运作服务任务的有近20%的。从服务的分、子公司数量来看，有超过半数的财务共享服务中心会服务超过 50 家以上的成员单位，辐射范围较广。

📖 案例　C集团财务共享服务中心运营模式选择

C 集团是国有大型企业，经营业务涵盖能源、工业制造、金融等多个业务板块。C 集团的管控特点为混合集中模式。

C 集团在建设财务共享服务中心的过程中，经过反复讨论并结合自身业务特点，借鉴成熟企业案例及财务共享服务中心常见运营模式，锁定了总分模式和大集中模式两种。然而在进行财务共享服务中心实际建设时，C 集团的管理层却无法做出抉择，原因是两种运营模式各有利弊。

总分模式的优点为：能够加强集团管控力度；各分中心同时推进，建设速度快，成效显著；项目建设能够兼顾各分中心的共性和个性，提高效率、降低风险；各分部同步建设或先后推广建设，有利于运行成效的横向对比。总分模式的缺点为：初始建设成本需分别投入，规模效应不如大集中模式。

大集中模式的优点为：初始建设成本一次性投入，更有利于建设标准的统一。大集中模式的缺点为：人员分散，调度难度较大，需要投入较大精力进行协调；分中心选址需要深化研究确定。

最终，通过综合对比两种模式的优劣，C 集团以自身实际情况为出发点，认为人员难以大规模调整是集团无法解决的问题。因此，C 集团选择总分模式进行财务共享服务中心的建设，即 1+n 的运营模式(1 个总中心，n 个分中心)。

5.1.2　财务共享服务中心分部设计

根据总结，财务共享服务中心下的分部设置方式，包括按省设立的财务共享服务中心分部、按二级单位设立的财务共享服务中心分部、按业态设立的财务共享服务中心分部、按 ERP 类型设立的财务共享服务中心分部、按区域设立的财务共享服务中心分部。

1. 按省设立的财务共享服务中心分部

按省设立的财务共享服务中心分部，更贴合企业现有的业务管理架构，变革的阻力比较小，人员调动相对容易，业务同质性较高。但是这种方式也存在不利于统一标准化落实的问题。按省设立财务共享服务中心分部，具体结构如图 5-1 所示。

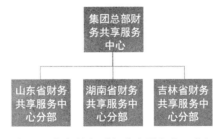

图 5-1　按省设立财务共享服务中心分部

2. 按二级单位设立的财务共享服务中心分部

按二级单位设立的财务共享服务中心分部，其业务范围、权责划分明确。但是这种方式下各分部的规模差异较大，二级单位财务人员有限且人员调度难度大，不利于集团的集约管控。按二级单位设立财务共享服务中心分部，具体结构如图 5-2 所示。

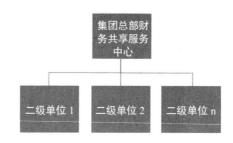

图 5-2　按二级单位设立财务共享服务中心分部

3. 按业态设立的财务共享服务中心分部

按业态设立的财务共享服务中心分部，有利于财务共享服务流程的标准化和统一，有助于发挥同业态、同类型业务共享处理带来的规模效益。但是这种方式会对现有管理模式产生较大变革，所以推行的阻力可能会很大；很多人员的工作地点会产生变动，不利于企业人员心态及工作状态的稳定；业务主体分散，不便于服务水平的提升。按业态设立财务共享服务中心分部，具体结构如图 5-3 所示。

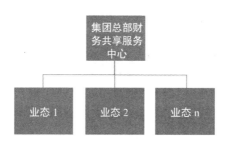

图 5-3　按业态设立财务共享服务中心分部

4. 按 ERP 类型设立的财务共享服务中心分部

按 ERP 类型设立的财务共享服务中心分部，对现有系统改造程度较低，易于整合，相似的财务系统流程，有利于提高工作效率。但是这种方式对管理模式的变革较大，因此推行阻力大，同时容易使业务主体分散，不利于服务水平的提升。按ERP 类型设立财务共享服务中心分部，具体结构如图 5-4 所示。

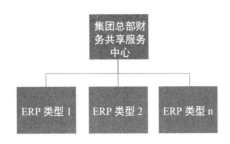

图 5-4　按 ERP 类型设立财务共享服务中心分部

5. 按区域设立的财务共享服务中心分部

按区域设立的财务共享服务中心分部，由于区域管理模式相近，变革阻力较小，人员变动相对较小，利于确保人员的稳定性，地域集中便于共享中心贴近业务，服务效果更佳，运营成本较低。但是这种方式会使区域内存在不同业态、不同信息系统的业务主体，财务共享服务流程梳理及信息平台整合难度较大。按区域设立财务共享服务中心分部，具体结构如图 5-5 所示。

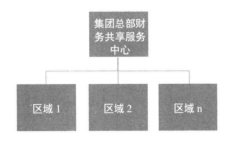

图 5-5　按区域设立财务共享服务中心分部

5.1.3　财务共享服务中心选址

企业在为财务共享服务中心选址时，会受多方面因素的影响，主要包括劳动力因素、相对距离因素、经营成本因素、生活环境因素、税收补贴因素、社会经济因素、基础设施因素等。数据显示，我国大部分财务共享服务中心在建设时，选址的主要考虑因素包括靠近总部、后勤保障、人力成本和运营成本，如图 5-6 所示。其中，首要考虑的是劳动力因素或员工因素，即如何对现有的人员构成进行适当的调动和补充，来完成财务共享服务中心组织机构的搭建。

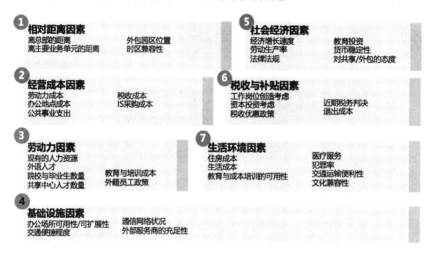

图 5-6　选址主要考虑因素

📖 案例　D集团财务共享服务中心选址

D 集团是国有大型企业，总部设在北京，考虑到日后发展，现拟建设财务共享服务中心。在选址时，D 集团综合各影响因素及自身实际情况，拟订南京、北京、上海三地作为企业财务共享服务中心选址城市的备选。此后，D 集团多次讨论，分析三地的实际状况，具体分析如下。

财务人员结构：从财务人员的平均年龄看，南京地区为 30 岁，上海地区为 31 岁，北京地区为 32 岁；从学历构成情况看，南京地区本科及以上学历的人员占 80%，上海地区占 81%，北京地区占 82%；从职级构成看，主任以下员工的比重，南京地区为 90%，上海地区为 70%，北京地区为 80%；从会计职称持有情况看，南京地区为 50%，上海地区为 60%，北京地区为 65%。从总体的财务人员结构来看，南京地区财务人员相对充足、年龄较小、学历较高，且业务操作型员工占比较多，更适合作为财务共享服务中心的选址城市。

服务外包环境与外部人才利用：根据统计结果，63.7%的财务共享服务中心建立在北上广深等一线城市或地区，这些城市具有基础设施条件、地理位置及人力资源的优势，为企业提供高水平的财务共享服务奠定了基石。但是随着一线城市人力成本、运营成本的不断攀升，很多企业也开始选择在成本较低的二、三线城市或地区建立共享服务中心，如西安、成都、苏州、天津等。从高校资源来看，南京有 14 家一本院校，包含 8 家 985/211 院校，上海有 13 家一本院校，包含 8 家 985/211 院校，北京有 24 家一本院校，包含 19 家 985/211 院校。综合上述服务外包环境与外部人员的支持情况，北京、上海、南京均为中国服务外包示范城市，具备良好的外部资源，能够有效支持财务共享服务中心的长期运作。

自有物业分析：办公场地一般按人均 10 平方米测算，包含均摊的档案室、会议室等。目前，三地的实际可用办公场地面积，南京为 1000 平方米，上海为 4000 平方米，北京为 5000 平方米。

结合企业实际情况，应用选址影响因素综合打分后，最终 D 集团选择将财务共享服务中心设置在北京。

在案例中我们也可以看到，国有企业财务共享服务中心在选址时大多会选择与集团总部在同一城市，以便于管理和降低沟通成本。

5.2　财务共享服务中心布局

财务共享服务中心布局，是指根据企业的业务和发展要求，对财务共享服务中心规模和形式的规划。财务共享服务中心可采用分散的或集中的布局形式。

5.2.1　财务共享服务中心的布局模式

财务共享服务中心的布局模式，按照资产分布和人员集成度的不同，可以分为二级单位匹配模式和大区管理模式。

1. 二级单位匹配模式

二级单位匹配模式，是指直接按集团下属二级单位设置财务共享服务中心的模式。该模式属于分散式布局形式。

二级单位匹配模式的优点为：更贴近集团企业管控架构，对基层业务和管理支持效果更突出；人员一般来自本单位，业务和人员迁移相对平滑，影响较小，更利于财务共享服务中心建设和推广时保持稳定；区域管理和专业化管理结合比较密切，更加适合企业实际情况。

二级单位匹配模式的不足之处是：需要总部投入更多的精力进行协调管理，管理成本较高；人员比较分散，集中程度较低，财务人员跨区域调动难度较大，因此可能无法产生特别高的规模效应；从长远来看，不利于集团企业财务管控和业务拓展。

2. 大区管理模式

大区管理模式，是多个二级单位组合成一个财务共享中心的模式。该模式属于集中的布局形式。

大区管理模式的优点为：需要总部向下沟通管理的单位少，分中心受区域制约少，集团管控效果较优；集中程度更高，在规模效应方面更具优势；ERP 系统的灵活扩展性与大区管理模式的共享中心突破了系统和地域的限制，有利于人力、IT、物资采集等非财务业务的共享。

大区管理模式的不足之处是：按大区划分承接共享业务，服务范围有限；人员需求较大，跨区域调动难度较大，员工薪酬福利、生活、家庭因素的影响比较突出，同工同酬、福利政策等因素带来的隐性支出较高。

二级单位匹配模式和大区管理模式各有利弊。采用二级单位匹配模式建设的共享服务中心也开始从实际运营质量效益和集团管控等因素出发，逐步开始财务共享服务中心的进一步集中。大区管理模式的财务共享服务中心在人员调动上有一定挑战，但在集团管控效果、规模效应、标准化和规范化的优势是分散部署或二级单位匹配模式所不具备的，大区建设模式或集中模式是共享服务中心建设的主流和趋势。

5.2.2　财务共享服务中心的布局原则

基于规模效应原则，财务共享服务中心的工作人员在 100 人以上的属于规模效应较优；50 人以上的属于规模效应一般；50 人以下的属于规模效应较差。

基于人员调动难度，人员在 100 人以上的，应单独建设财务共享服务中心；财务人员在 50~100 人之间的，可采用二级单位匹配模式或大区管理模式设置分部，吸纳周边省份的业务人员。

5.3　财务共享服务中心机构设置

5.3.1　财务共享服务中心总部设置

1. 总部组织设置

财务共享服务中心总部的主要职能包括：负责共享服务中心建设项目的顶层设计，组织试点建设、推广建设、运营管理及优化提升等工作；组织制定共享服务中心相关配套制度和管理办法；开展中心组织机构设置及人员选配工作；制定共享服务工作考核内容及评价标准，对分部进行管理考核；组织制定客户关系管理、服务管理等制度，与服务单位签署服务协议，按照协议执行服务质量考核；按照工作内容设置业务管理部、运营管理部和信息化管理部。财务共享中心总部组织设置，如图 5-7 所示。

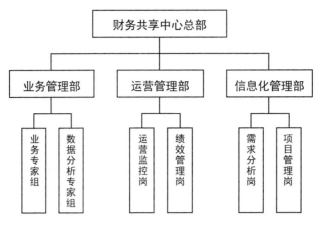

图 5-7　财务共享中心总部组织设置

(1) 业务管理部。业务管理部主要负责财务共享服务中心各流程规范、业务标准的制定，以及流程优化等职能；负责行业规范、业内领先实践、先进业务处理技术研究与引进；对共享中心分部进行专业知识与业务技能的培训；专业模块的业务指导和监督管理。

具体工作：业务流程方案制定与宣贯，推行企业计划，业务量信息收集与人员测算，日常业务指导和标准制定等。

岗位设置：业务专家组、数据分析组等。

(2) 运营管理部。运营管理部主要负责持续优化提升共享服务质量和绩效管理；对共享分中心进行运行质量监控、服务水平监督和绩效管理考核；共享中心内部管理等。

具体工作：项目整体进度管理，实施部门协调与管理，协调场地、设备等基础设施。

岗位设置：运营管理岗、绩效管理岗等。

(3) 信息化管理部。信息化管理部主要负责公司及所属单位会计核算、资金结算、费用报销，以及财务共享相关系统的整体规划、推广建设等。

具体工作：负责组织共享系统及相关系统计划上线部门做好上线前的准备工作，包括系统核查、数据清理、系统切换等；负责对 RPA 自动化、大数据分析等先进技术的探索、建设和应用；负责共享信息系统需求分析。

岗位设置：需求分析岗、项目管理岗等。

2. 总部组织设置的注意事项

财务共享服务中心总部的设置需要考虑建设期和运营期的不同特点。

(1) 在试点和推广建设期间，总部与建设单位共同组成工作组，共同推进财务共享服务中心的推广建设工作。作为最了解集团业务、标准化管理要求的专家团队，主要工作是参与方案落地研讨与优化，一方面需要识别每批次推广单位的特殊业务，对平台流程和系统方案进行调整、完善；另一方面结合外部对标，考虑引入新技术和流程模式，提升共享系统的适用性和先进性，参与系统测试与上线部署。

(2) 进入运营期，业务专家主要专注于政策、规范、标准的制定，对各运营分中心提出的业务流程、系统变革需求进行评审和统筹规划，提升运营管理水平；负责结合业务流程和系统优化需求，协调内外部资源，合理铺排，优化升级计划，保障共享服务体系持续优化，对财务共享服务中心的实际运营效果进行定期评估，包括对各分中心运营绩效的横向及纵向对比分析、对各岗位工作绩效的评价等。

5.3.2　财务共享服务中心分部组织设置

财务共享服务中心分部的主要职能包括：依据服务协议为试点企业提供财务共享服务，并向上级财务共享服务中心汇报工作；持续改进服务水平，提高客户满意度、提高分部的管理水平、提高员工职业技能，加强员工的工作责任心。按照工作内容，财务共享服务中心分部可设置运营业务处理部、运营服务管理部两个部门。财务共享服务中心分部组织设置，如图 5-8 所示。

(1) 运营业务处理部。运营业务处理部主要负责按照总部制定的运营管理制度、流程和标准，面向服务的成员单位，处理共享业务。按照专业化分工和业务流程，提供应收、应付、费用、资产、总账核算，以及资金结算的业务处理服务。

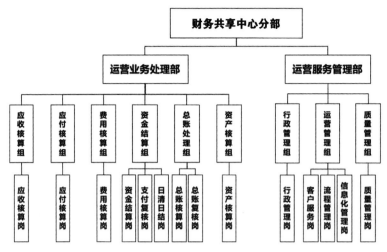

图 5-8　财务共享服务中心分部组织设置

(2) 运营服务管理部。运营服务管理部主要负责分部的运营管理工作，包括对本部门的流程适用性、各岗位的实际运营效率进行分析，挖掘应用流程的优化提升点，提出优化改造方案，对需要总部协调统筹的流程变革和系统优化改造进行上报反馈，配合总部推进落实。

5.3.3　财务共享服务中心的管理关系

财务共享服务中心的总部与分部是上下级的管理关系：

财务共享服务中心总部主要负责总体政策制定、业务流程规范、绩效管理考核、系统平台的统一部署与运维，并且将完成的制度和流程传递给分部，对分部的工作情况进行绩效考核，指导分部人员系统平台的具体使用方法。

财务共享服务中心分部主要以客户服务为导向，按照服务协议提供优质服务，支持制度与流程优化，定期向总部汇报工作，接受总部的管理和指导。

5.4　财务共享服务中心岗位职责

财务共享服务中心岗位职责，是对各职位的工作内容进行概括，包括职位目的、基本职责等内容。同时，对任职人员的标准和规范进行描述，如该职位的行为标准，胜任职位所需的知识、技能、能力、个性特征，以及对人员的培训需求等内容。

5.4.1　运营业务部岗位职责

1. 应收核算岗岗位职责

岗位名称：应收核算岗。

所属部门：应收核算组。

直属上级：应收核算组组长。

直属下级：无。

岗位设置目的：

为保障财务共享服务中心管理体系合理有序地运行，根据国家财经法律法规、集团财务管理相关制度设置该岗位，旨在遵循集团销售至回款业务及核算制度、流程和业务标准，完成销售至回款业务及核算业务处理工作；确保销售至回款业务及核算处理工作的准确性、及时性，提高服务质量。

岗位职责说明：

(1) 负责应收账款、预收账款、其他应收款等的挂账、核销，以及坏账计提、核销的账务处理工作。

(2) 负责按照集团公司的会计制度，对原始单据影像文件的完整性、准确性进行稽核。

(3) 负责对申请人提交的申请单中的经济事项类型、金额等会计核算关键要素的正确性进行审核。

(4) 负责与申请人沟通，及时反馈审核结果，对审核中发现的问题提出解决方法。

(5) 负责按照集团公司会计政策、会计科目及核算规则，及时、正确地生成会计凭证。

(6) 参与集团公司销售至回款流程的评估及优化，提出意见和建议。

(7) 完成上级交办的其他工作。

2. 应付核算岗岗位职责

岗位名称：应付核算岗。

所属部门：应付核算组。

直属上级：应付核算组组长。

直属下级：无。

岗位设置目的：

为保障财务共享服务中心管理体系合理有序地运行，根据国家财经法律法规、集团相关采购管理及财务管理制度设置该岗位，旨在遵循公司采购至应付业务的核算制度、流程和业务标准，完成采购至应付业务的核算处理工作；确保共享中心采购至应付业务及核算处理工作的准确性、及时性，提高服务质量。

岗位职责说明：

(1) 负责对采购发票、采购订单及入库单等采购业务单据进行匹配审核，进行应付挂账业务的账务处理。

(2) 负责对已挂账的采购发票进行的采购付款申请进行审核。

(3) 负责其他对公付款的财务审核与入账工作。

(4) 负责采购应付暂估、冲销及退货等核算工作。

(5) 负责将系统中审批完成的付款指令发送至资金结算组，对清账的结果进行检查。

(6) 负责供应商往来记账及记录跟踪工作，并定期和供应商进行应付账款余额的核对和确认。

(7) 负责期末应付模块账与总账的核对工作。

(8) 其他临时性工作。

3. 费用核算岗岗位职责

岗位名称：费用核算岗。

所属部门：费用核算组。

直属上级：费用核算组组长。

直属下级：无。

岗位设置目的：

为保障财务共享服务中心管理体系的合理有序运行，根据国家财经法律法规、集团采购管理及财务管理相关制度设置该岗位，旨在遵循公司员工借款及费用报销业务及核算制度、流程和业务标准，完成业务及核算处理工作；确保员工借款与费用报销处理工作的准确性、及时性，提高服务质量。

岗位职责说明：

(1) 负责对员工借款及报销申请单进行审核，并进行相应的核算处理。

(2) 负责对业务单据及发票进行审核，确保业务单据及发票的真实性和完整性。

(3) 负责将系统中审批完成的付款指令发送至资金结算组，负责对清账的结果进行检查。

(4) 负责员工借款记账及记录跟踪工作，并定期对员工借款余额进行核对，对长期未还借款进行催回。

(5) 负责期末员工借款及费用报销的账务核对工作。

(6) 其他临时性工作。

4. 资金结算岗岗位职责

岗位名称：资金结算岗。

所属部门：资金结算组。

直属上级：资金结算组组长。

直属下级：无。

岗位设置目的：

为保障财务共享服务中心管理体系的合理有序运行，根据国家财经法律法规、集团资金管理相关制度设置该岗位，旨在遵循公司资金管理制度、流程和业务标准，完成资金业务处理工作；确保资金业务处理工作的准确性、及时性，提高服务质量。

岗位职责说明：

(1) 贯彻落实资金结算流程操作规范与管理制度，确保岗位工作符合财务共享服务中心服务水平。

(2) 收到业务部门提交的付款申请单，校验资金计划，确认付款申请单。

(3) 确认银企直连、网银、票据、现金等方式支付的款项。

(4) 完成对银行账户收款业务的处理。

(5) 查询付款失败记录并反馈付款失败信息至业务部门，重新发起付款。

(6) 完成领导交给的其他工作。

5. 资产核算岗岗位职责

岗位名称： 资产核算岗。

所属部门： 资产核算组。

直属上级： 资产核算组组长。

直属下级： 无。

岗位设置目的：

为保障财务共享服务中心管理体系合理有序运行，根据国家财经法律法规、集团资产管理及财务管理相关制度设置该岗位，旨在合理规范各级公司资产核算流程，提高业务规范化及标准化程度，保证业务风险可控，提高共享资产核算处理效率；确保业务服务满足服务水平协议，持续提升业务服务质量。

岗位职责说明：

(1) 负责日常固定资产卡片信息的维护，包括固定资产零购、投资者投入、捐赠转入、资产盘盈等情形的资产卡片的创建，资产使用部门、管理人和其他信息发生变更的资产卡片的信息修改，报废、盘亏、调出的资产卡片的注销。

(2) 负责在建工程、大基建项目、技改项目的资产核算、账务处理。

(3) 负责月末计提固定资产折旧，资产发生减值时计提减值准备，以及资产模块期末关账工作。

(4) 负责月末资产明细账与总账的对账工作。

(5) 负责编写资产核算流程操作手册并定期进行更新及维护。

(6) 负责按照集团公司会计制度，对原始单据影像文件的完整性、准确性进行稽核。

(7) 负责按照集团公司会计政策、会计科目及核算规则，及时正确地完成资产核算的处理。

(8) 参与集团公司资产管理财务共享流程的评估及优化，提出意见和建议。

(9) 完成上级交办的其他工作。

6. 总账核算岗岗位职责

岗位名称： 总账核算岗。

所属部门： 总账核算组。

直属上级： 总账核算组组长。

直属下级： 无。

岗位设置目的：

为保障财务共享服务中心管理体系的合理有序运行，根据国家财经法律法规、集团总账核算和财务管理相关制度设置该岗位，旨在合理规范各级公司总账核算流程，提高业务规范化及标准化程度，保证业务风险可控，提高共享总账核算处理效率；确保服务满足服务水平协议，持续提升业务服务质量。

岗位职责说明：

(1) 负责处理总账手工凭证，如成本费用的月末分摊、调整，税费计提，一般管理费用的计提等。

(2) 负责银行借款利息的计提，支付凭证的处理。

(3) 负责工资计提，包括工资、工资外人工成本等。

(4) 负责关联交易业务的日常处理。

(5) 负责协调共享中心其他组及本地财务，按时进行各自的月末结账工作。

(6) 负责总账关账前的检查工作，保证每月的结账工作不遗漏、不重复。

(7) 负责期末总账模块的关账工作。

(8) 负责总账资产负债表科目的月末对账工作。

(9) 负责编写总账核算流程操作手册，并且定期进行更新及维护。

(10) 负责按照集团公司会计政策、会计科目及核算规则，及时正确地生成会计凭证。

(11) 参与集团公司总账核算流程的评估及优化，提出意见和建议。

(12) 完成上级交办的其他工作。

5.4.2 运营服务部岗位职责

1. 行政岗岗位职责

岗位名称：行政管理岗。

所属部门：行政管理组。

直属上级：行政管理组组长。

直属下级：无。

岗位设置目的：

为保障财务共享服务中心管理体系合理有序运行，根据国家财经法律法规、集团财务管理制度设置该岗位，旨在对共享中心日常事务进行管理，提高办公人员工作效率；为共享中心日常运作提供支持，增强企业竞争力。

岗位职责说明：

(1) 负责财务共享服务中心日常办公制度的维护、管理。

(2) 负责办公后勤保障工作，包括工位、门禁、证照、印鉴管理，通信管理，固定资产/办公用品管理，物业管理，办公室管理等。

(3) 负责协助部门安排行政事宜，包括会议安排、培训安排、活动安排等。

(4) 处理财务共享服务中心的日常行政接待工作。

(5) 组织内部各项定期和不定期的集体活动，确保员工的参与性，提高员工满意度。

(6) 负责上级安排的其他临时性工作。

2. 客户服务岗岗位职责

岗位名称：客户服务岗。

所属部门：运营管理组。

直属上级：运营管理组组长。

直属下级：无。

岗位设置目的：

为保障财务共享服务中心管理体系合理有序运行，根据国家财经法律法规、集团财务管理制度设置该岗位，旨在保证共享中心资源的合理配置，有效推进各项工作的顺利开展；确保各项管理制度的有效落实。

岗位职责说明：

(1) 负责日常问题的分析与整理，并视具体情况提出改进意见。

(2) 负责日常投诉及建议的收集与分析。

(3) 维护和管理内部客户关系，调查和跟进客户满意度，提出优化建议，制定并实施改进方案。

(4) 配合制定公司共享客服管理的相关制度规范和流程。

(5) 负责在工作范围内进行与业务单位、后台部门的沟通与协作。

(6) 负责通过电话、邮件、内部沟通平台等方式解决公司内部员工的疑问。

(7) 完成上级安排的其他相关工作。

3. 流程管理岗岗位职责

岗位名称： 流程管理岗。

所属部门： 运营管理组。

直属上级： 运营管理组组长。

直属下级： 无。

岗位设置目的：

为保障财务共享服务中心管理体系的合理有序运行，根据国家财经法律法规、集团财务管理制度设置该岗位，旨在保证中心资源的合理配置，有效推进各项工作的顺利开展；确保财务共享服务中心各项管理制度的有效落实。

岗位职责说明：

(1) 协助组长进行财务共享服务中心流程优化。

(2) 协助组长制订流程梳理计划，负责财务相关端到端流程梳理，提出财务流程优化建议并推动落地，提高中心总体工作效能。

(3) 收集流程优化需求，组织实施流程优化重点项目，保障流程优化项目质量。

(4) 对流程执行进行监控，对流程执行效果进行定期分析与评价、修订。

(5) 组织相关部门进行流程制度、流程管理知识、方法的培训。

(6) 负责日常流程的执行监管，提供日常绩效考核报告的分析。

(7) 对各流程小组提供业务上的支持。

4. 信息化管理岗岗位职责

岗位名称：信息化管理岗。

所属部门：运营管理组。

直属上级：运营管理组组长。

直属下级：无。

岗位设置目的：

为保障财务共享服务中心管理体系合理有序运行，根据国家财经法律法规、集团财务管理制度设置该岗位，旨在保证中心资源的合理配置，有效推进各项工作的顺利开展；确保共享中心各项管理制度的有效落实。

岗位职责说明：

(1) 参与正在开发或实施的信息系统建设项目。

(2) 对财务信息类模块进行维护，处理系统日常问题，针对各相关系统进行优化工作。

(3) 负责建立和完善财务信息化管理制度，提高财务信息化水平。

(4) 负责和财务系统供应商进行沟通，管理财务系统，确定系统实现方案。

(5) 负责财务职能信息化流程的梳理，负责流程在系统上的固化。

(6) 负责财务信息化系统的评估工作，并形成阶段性评估报告。

(7) 组织系统使用、功能介绍的培训工作，完善系统操作手册。

5. 质量管理岗岗位职责

岗位名称：质量管理岗。

所属部门：质量管理组。

直属上级：质量管理组组长。

直属下级： 无。

岗位设置目的：

为保障财务共享服务中心管理体系的合理有序运行，根据国家财经法律法规、集团财务管理制度设置该岗位，旨在全面提升中心财务核算质量及业务处理水平；保证财务共享服务中心的管理水平稳步提升，提高风险管控水平。

岗位职责说明：

(1) 协助建立财务共享服务中心的质量控制框架，监督相关管理框架的落实。

(2) 控制各项流程的执行情况，监控业务规范性，提升财务核算质量，有效规避风险。

(3) 负责对流程中所涉及的各个环节进行有效监督，对流程运行状态和效果做定期分析，进行有效的风险控制。

(4) 根据日常业务操作情况，评估各单位财务核算的质量和效率。

(5) 根据财务共享服务中心的工作质量和工作绩效，出具考评结果，发现工作中的薄弱环节，提升共享绩效。

5.4.3 与共享衔接的本地岗位职责

1. 本地扫描岗岗位职责

岗位名称： 本地扫描岗。

岗位设置目的：

为保障财务共享服务中心管理体系的合理有序运行，根据国家财经法律法规、集团财务管理制度设置该岗位，旨在建立规范、健全、科学的内部管理制度；保证财务共享服务中心的安全、优质和高效运作。

岗位职责说明：

(1) 负责接收带有封面的所有原始凭据，并在共享平台上做好登记签收工作。

(2) 负责使用影像系统，将原始单据单笔或批量扫描上传到对应单据上。

(3) 严格遵守保密制度，凡涉及个人隐私和机密性的文件、资料绝不对外泄露，所有资料要妥善保存，以便后续转交至档案管理组。

(4) 了解影像系统的基本性能，熟悉操作方法，排除一般故障。

(5) 日常维护和保养扫描设备及相关设施，发现故障及时报告，立即处理。

(6) 扫描设备实行专人操作，不得将其交予他人、挪用或转借。

(7) 完成领导交办的其他工作任务。

2. 档案管理岗岗位职责

岗位名称： 档案管理岗。

岗位设置目的：

为保障财务共享服务中心管理体系的合理有序运行，根据国家财经法律法规、集团财务管理制度设置该岗位，旨在保证档案资料的准确性、完整性及其他查证需要；保证财务共享服务中心管理水平更加标准化、规范化、科学化。

岗位职责说明：

(1) 负责本单位会计资料的整理、归档、保管等日常性工作。

(2) 负责对已扫描的原始单据进行分类整理，并与会计凭证进行匹配。

(3) 负责完成凭证的打印、匹配、装订、归档等工作。

(4) 负责整理档案归档清单，确保每月的档案保管工作能够顺利完成。

(5) 负责档案的收进和借阅工作。

(6) 负责档案的安全保管工作，发现异常时要及时上报并采取措施，确保档案的完整与安全。

(7) 负责上级安排的其他临时性工作。

5.5　财务共享服务中心人员设置

5.5.1　财务共享服务中心人员设置方法

财务共享服务中心在选择和配备工作人员之前，需要进行科学的测定。人员测算的方法有业务分析法、对标评测法和数据测算法三种。

1. 业务分析法

业务分析法是基于业务性质并结合现有管理人员及业务人员的经验，经分析评估后测定人员需求量的测算方法。

2. 对标评测法

对标评测法是选取相近口径的企业进行对标，在此基础上进行人员测算的方法。

3. 数据测算法

数据测算法是在业务量和工作时效要求明确的基础上，测定配备人员数量的方法。

财务共享服务中心的功能、服务范围不同，设置岗位时的方法也会有所差异。企业应根据自己所处的行业、阶段，以及自身业务情况进行财务共享服务平台的建设，采用适用的测算方法测定应选择和配备的财务人员。

5.5.2　测算方法的适用范围

在财务共享服务中心成立初期，为了合理控制财务运作成本，有效提高财务共享服务中心实施后的业务处理效率，可根据集团公司实际需求与现实情况，结合各对标企业参考信息，科学测定配备的人员数量和能力要求，并根据建设的后续进度相应调整人员配备数量。

下面对不同测算方法的适用范围和适用岗位进行介绍，如表 5-1 所示。

表 5-1　三种测算方法的适用范围和适用岗位

测算方法	适用范围	适用岗位
业务分析法	难以按数据精确测算，且无法取得对标数据的情况	部室负责人、科室负责人、总账会计、税务会计、往来会计、报表会计等

(续表)

测算方法	适用范围	适用岗位
对标评测法	原先没有岗位设置，无经验值参考，无法进行数据测算的岗位	运营管理岗、服务支撑岗、信息系统管理岗等
数据测算法	能够取得可靠业务量，并能够对每笔业务量所耗时间进行测量的岗位	费用会计、资产会计、成本会计、物资会计、薪酬会计等

本章小结

财务共享服务中心的组织架构设置和运营模式有着紧密的联系，不同的运营模式决定了中心布局的特点，进而决定了中心的内设组织形式。

为了更好地发挥财务共享服务中心的职能和作用，应该通过科学的测算方式核定岗位的人员设置，合理分配相关岗位配额，通过细化岗位职责明确工作边界，充分发挥所有岗位的人员效能，实现人员价值最大化。

第6章

财务共享服务中心业务流程

从当前国内财务共享服务中心的绩效评价结果来看，规范、标准化的业务流程管理体系能够控制服务中心的运行成本、优化信息输出的质量，综合改善资源配置。从而提高了企业的灵活应变能力，使客户满意度大幅度提高，实现企业在经济效益方面的质的提升，促进企业战略目标更快落地。

6.1 业务流程管理概述

6.1.1 业务流程管理基本概念

业务流程管理，是将企业中的各项业务流程细化，通过标准化的运行方式，将企业的输入和输出有机关联并相互转化的过程。

任何一个企业都存在业务流程，因此业务流程管理工作是必不可少的，即使没有明文规定，也有隐形的流程规范潜移默化地影响着员工的操作和任务执行。业务流程管理源于管理的分工理论，传统的分工理论认为，越细致的分工越能使工作效率有更高的提升。但随着企业规模的扩张、经营业务种类的不断增加，以及经济多元化和经济全球化的发展趋势，越细致的分工反而可能会带来过高的管理成本，企业庞大的组织机构不但不能产生正面效应，反而会造成很多的累赘，如协调沟通成本大，集团难以调控统一各项业务，职能部门之间产生利益冲突等，致使企业管理效率低下，此时的业务分工就背离了原始动机。这一系列的问题导致业务流程管理的理念在企业中被逐渐淡化。

进入 20 世纪 80 年代后，随着计算机的普及、互联网的大力发展，智能化的软件服务使得流程管理环节被简化，部门与部门之间的信息传递可以通过计算机编码的方式进行，由自动化平台代替了复杂烦琐的人工操作，既解放了很多基础的人工劳动力，也大幅提高了管理的效率和准确度。在此之后，流程管理又重新出现在人们的视野中。

6.1.2 财务共享服务中心业务流程管理

财务共享服务中心业务流程管理，是指在建设共享中心的过程中，为了提升经济业务集中后的管理效率，针对企业的业务流程展开具体的流程管理方案设计。通过对业务流程开展充分的分析、跟踪、识别、优化工作，合理地切分职责范围，让各项流程管理活动在包括质量和效率两个方面实现本质上的、可持续性的最优效能提升，配合其他部门实现企业总体战略目标。

财务共享服务中心的建设需要借助财务系统软件和强大的计算机技术作为支撑，在组织和管理层的推动下，逐步实现企业经济业务的集中管控。一方面，财务共享服务中心每天都要接收从全国甚至全球各业务发生地传来的单据，并对其展开系统的审核、记账、归档等工作；另一方面，财务共享服务中心会产生大量的财务数据，为企业管理层做出决策提供基础的信息资料。

财务共享服务中心通过对业务进行标准化的流程再造,通过端到端的流程定义,实现集团不同维度的连贯性和一体化，对企业进行精细化管理，将流程设计做到较为细致的程度，使得会计记录更加规范，结构更加统一，并因其能为企业删减大量的基础性会计工作，使得财务人员从繁杂琐碎的事务中脱离出来，为财务管理者节省出更多的精力，转而为投向更高级的战略化财务管理提供基本的保证。

6.2　财务共享服务中心流程要素

6.2.1　企业战略目标

企业战略目标，是指企业在实现其使命过程中所追求的结果，是在某些重要领域对企业使命的具体化。企业战略目标是企业总体的战略部署，为企业发展指明方向，为制订其他计划提供基本依据和参考，是一个宏观的企业战略指引。

企业战略目标包含多个层面，如销售渠道管理、财务管理、产品服务管理、市场稳定性管理等，多个维度需要相互配合才能使得战略落地，帮助企业更好地完成使命。

企业的战略目标反映了其在一定时期内经营活动的方向和所要达到的水平，衡量的办法可以是定性的，也可以是定量的，比如竞争地位、业绩水平、发展速度等。企业的战略目标要有具体的数量特征和时间界限，时间跨度通常为 3 至 5 年或以上。企业战略目标为企业的发展指明方向，是企业未来发展路线的总括性指导。

6.2.2　流程闭环

为企业提供支持的财务共享服务中心，其核心目标就是帮助企业实现战略目标。通过专业化的分工，财务共享服务中心将财务工作从繁杂琐碎的操作中解脱出来，优化管理流程，提升企业总体效益。

财务共享服务中心成功与否很大程度上依赖于流程管理所达到的程度。完整的流程管理可以概括为以下四个环节：流程目标、流程再造、流程执行、流程优化。这些环节都是围绕企业整体的战略目标展开的。具体管理内容可以循环形成一个完整的闭环模式，如图 6-1 所示。

图 6-1　流程闭环

1. 流程目标

流程目标为流程管理的设计提供方向，明确流程管理目的，细化管理方向，将关键指标创立为统一的整体，界定流程再造的范围。业务流程管理的目标要和企业整体的战略目标紧密结合在一起，任何流程管理的最终目的都应该是为了更好地实现企业总体的战略目标。

财务共享服务中心成立的初衷是为了更好地达成企业的战略目的，而流程管理的目标是对企业战略目标在财务管理方向上的进一步细化。在财务共享服务中心设立的时候，应明确组织定位，确立战略目标，再以企业集团的总战略目标为核心，建立财务共享服务中心的业务流程管理模式，确定流程设计方案。

相较于企业战略目标，流程目标的确立要更多细节、更加具体，有更强的操作性和可理解性，为后期的流程再造和执行提供明确的指导思路。

2. 流程再造

流程再造是业务流程管理过程中的关键环节，而流程再造的起点是对企业集团的所有流程进行全业务梳理，打破原有的流程管理模式，重塑流程体系。此外，考虑到流程再造会引发企业内部组织管理架构的适应性问题，应及时予以调整。

　　合理的流程再造方案能通过对竞争环境的分析，甄别达到目标所涉及的所有关键环节，结合企业以往的实践操作经验，充分理解各业务中可能涉及的各环节所发挥的重要作用，寻找到阻碍企业管理效益达到最大化的限制因素，针对限制性因素提出解决方案，有目的地去除流程操作中非增值部分的工作，将复杂的工作简单化，提高整体工作效率。在流程再造的过程中并非所有流程都需要保留，业务流程管理要提高企业的整体效益必然要有所取舍，谨慎地选取关键流程进行流程再造和优化。流程再造后，良好的信息传递能够降低沟通成本，使每一个任务的传达和执行更快地落到实处。

　　对流程再造设计方案的细节阐述应围绕流程实施的前提假设、流程涉及的相关术语解释、流程对应的职责切分等关键问题展开，使流程再造后的方案具有更强的可操作性。此外，当流程管理的目标发生改变时，要关注企业旧有的组织管理架构是否还能满足流程再造后的运行管理需要。由于组织结构的变革具有滞后性，更应当在流程管理的过程中给予充分的重视，及时汇总问题，调整组织结构，为实现财务管理目标打下坚实的基础。

3. 流程执行

　　流程执行是将理论转化为实践应用的关键，只有在实践中才能展开对流程再造合理性的验证。

　　流程执行的过程需要各部门、各员工的配合，协调好人事关系，否则容易产生负面效应。一方面，流程执行需要依照已确立的流程操作手册有条不紊地展开，另一方面，新旧流程的对接、人员岗位的重新配置，对于流程执行的顺利展开也起到关键性的作用，直接决定了前期投入能否在实施中得到验证和成本的收回。

　　流程执行是对流程再造的检验和论证，是使流程再造方案落地的过程。对于刚建成财务共享服务中心的企业，最好分批次迁移企业的财务工作，循序渐进地实现整个集团财务共享全线覆盖。业务流程管理的执行要落地到具体的部门和岗位上，因此要在企业内设立一个有针对性的系统考核指标，以此为依据评判各流程管理参与者对于任务的执行情况。此外，执行力度的高低、管理者对于流程理解的程度等都会影响整个财务共享服务中心的流程管理输出结果。明确业务流程执行中的关键要素，自上而下、有层次地开展流程建设，把握工作中的重点和难点，才能使业务流程管理在企业管理中发挥更好的作用。

4. 流程优化

与流程再造不同的是，流程优化不需要从本质上推翻原有流程进行流程变革，只需要对目前出现的问题进行局部调整，是对流程再造的补充。对于庞大的数据系统，还应当关注后期的信息维护工作，持续管理系统的优化升级。

在流程管理的持续升级和维护中，企业会发现原本流程管理中可能存在的问题已被解决，但同时又能从新的实践中总结更多的流程管理需求，影响目标的重新确立，但这一切都紧密围绕企业的总体战略展开，因而会形成一个以战略管理目标为核心的标准闭环管理模式。

6.3　财务共享服务中心服务目录

服务目录，是指就所有约定的服务提供一个一致的信息源，并确保那些具有相应访问权限的人都可以使用这些信息。财务共享服务中心的服务目录总体上应该遵循概况性、不重复和不遗漏的原则。

根据业务是否共享，服务目录可划分为不共享、部分共享和完全共享三大类。

服务目录的使用方法，可具体分为确定业务优先级、确定财务共享工作清单、确定纳入财务共享范围三个步骤。

6.3.1　确定业务优先级

对于不同模块的业务，可以根据服务目录中的优先级来确定纳入流程。下面以某企业财务共享服务业务优先级为例，讲述服务目录的使用方法，如表 6-1 所示。

表 6-1 财务共享服务业务优先级

财务工作范围	流程标准化	流程自动化	系统标准化	业务交易量	降本增效潜力	实施成本	合计（五分制）
费用报销	低	低	低	高	高	中	4.2
应收应付	高	高	高	高	中	高	5.0
总账	高	中	高	低	中	高	4.7
财务报告	高	中	高	高	高	中	4.6
税费核算	中	中	高	低	中	高	3.5
资产	高	中	中	中	中	高	3.5
资金核算	高	高	高	高	低	高	3.5
成本核算	低	中	中	高	中	低	2.9

根据表 6-1 中的得分，该企业的财务共享服务中心应重点关注应收应付、总账及财务报告所包含的工作。税费核算、资产、资金核算和成本核算的共享优先级较低。

6.3.2 确定财务共享工作清单

在确认了业务的优先级以后，重点关注服务目录中规模型、现场型和专业型的工作。财务共享工作清单，如表 6-2 所示。

表 6-2 财务共享工作清单

财务工作	专业型	规模型	现场型
总账会计		√	
月结及年结		√	
总账主数据管理		√	
财务报告主数据管理		√	
财务报告出具		√	

(续表)

财务工作	专业型	规模型	现场型
应付主数据管理		√	
应付核算		√	
员工费用报销		√	
预付账款核算		√	
应付票据管理与核算			√
其他应付类核算		√	
应收主数据管理		√	
客户信用评价及维护		√	
预收款核算		√	
客户发票核算			√
收款核算		√	
应收票据管理与核算			√
其他应收类核算		√	
资产主数据管理		√	
固定资产核算		√	
在建工程核算			√
投资性房地产核算		√	
其他资产核算		√	
成本核算相关主数据管理		√	
存货盘点			√
预算主数据管理		√	
配合内外部审计			√
税务申报、清算与支付			√
递延所得税计算			√
发票申领与管理			√

(续表)

财务工作	专业型	规模型	现场型
税务稽查配合			√
税务政策贯彻与培训	√		
税费优惠政策落实			√
税务筹划和税务政策咨询	√		
账户管理			√
现金管理			√
资金集中运行管理		√	
投资资金管理		√	
保函、信用证、担保管理			√
财务系统访问和管理		√	
财务咨询服务	√		
财务档案管理			√
财务综合管理			√
工资统计及发放			√

6.3.3　确定纳入财务共享范围

根据上述确定财务共享工作清单的原则，并结合财务服务目标，即可确定纳入财务共享目录的业务范围。具体的财务共享服务目录，如图 6-2 所示。

业务流程在纳入财务共享服务的范围时，应遵循统一、精简、规范、自动化的原则。具体内容如下。

(1) 统一原则。梳理业务类型，统一同质的流程，并对各节点职责和操作进行标准化，确保各流程责任人按照统一的要求执行。

(2) 精简原则。精简流程中冗余的、不增值的环节和活动，加快流程响应速度，减少文件的流转环节，同时减少不必要的工作交接。

1. 销售至应收管理	2. 采购至支付管理	3. 员工费用报销管理	4. 存货与成本管理	5. 资产管理与核算	6. 总账核算	7. 报表与报告	8. 资金管理	9. 预算管理	10. 风险与资本管理	11. 税务管理	12. 评价与决策	13. 综合管理
1.1 收入暂估管理	2.1 预付款处理 ★	3.1 员工借款处理 ★	4.1 存货核算	5.1 在建项目核算 ★	6.1 会计科目与账套维护	7.1 报表披露	8.1 资金计划与预测	9.1 预算编制	10.1 风险管理与控制	11.1 税务合规管理	12.1 战略管理	13.1 财务制度与流程管理
1.2 收入结算与调整	2.2 采购发票处理 ★	3.2 费用报销处理 ★	4.2 成本核算	5.2 资产新增与维护 ★	6.2 手工凭证处理 ★	7.2 标准报表报告编制	8.2 银行账户管理	9.2 预算控制	10.2 资本管理	11.2 税收筹划与安排	12.2 报表管理	13.2 财务信息系统管理
1.3 销售发票管理	2.3 付款管理 ★	3.3 费用报销期末关账	4.3 期间成本分摊	5.3 资产处置与报废	6.3 薪酬核算 ★	7.3 集团报表编制	8.3 现金与票据管理	9.3 预算分析	10.3 投资管理	11.3 纳税申报	12.3 评价与考核	13.3 财务组织与人员管理
1.4 回款核销	2.4 采购至付款期末关账 ★	3.4 备用金及费用分析	4.4 成本结转 ★	5.4 资产期末关账 ★	6.4 调账管理 ★	7.4 标准财务分析报告编制	8.4 外汇管理	9.4 预算考核	10.4 纳税核算 ★			13.4 财务档案管理
1.5 销售至应收期末关账 ★	2.5 应付账款管理 ★		4.5 成本期末关账		6.5 内部往来处理与对账 ★		8.5 资金结算管理 ★					
					6.6 总账期末关账 ★		8.6 内部资金调拨 ★					

★ 纳入财务共享服务业务

图 6-2　财务共享服务目录

(3) 规范原则。流程设计应确保企业符合相关的政策和合规要求，通过流程的规范化管控，保证流程输出结果的正确性，降低风险和事后处理问题产生的成本。

(4) 自动化原则。识别流程中可持续优化的系统功能和系统活动，以实现其他相关系统的联通和自动化处理，减少手工作业，提升流程效率和质量。

6.4　财务共享服务中心典型流程

在财务共享服务中心的流程传递过程中，信息的沟通可以依靠图表、文字的方式进行。其中，流程图是最简单、直观的方法。

流程图的画法有很多，矩阵式流程图是其中的一种。矩阵式流程图的好处在于能将职责明确地标示在图片的左侧，直观地说明该环节对应的执行部门和执行岗位，图的核心区域则明确地示范业务流程的衔接。不过仅依靠图解无法将所有问题明确，因而可通过文字进行补充说明。

6.4.1　销售至应收款流程

销售至应收款流程，描述了业务单位发生销售业务开具增值税发票后，通过扫描相关单据至影像系统并传递到财务共享服务中心进行影像资料的审核，收入暂估/确认记账、对账、核销等一系列的操作并生成收入凭证的端到端流程。销售至应收款流程，如图 6-3 所示。

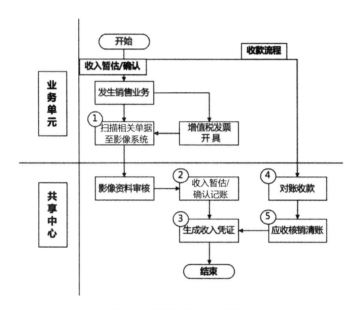

图 6-3　销售至应收款流程

销售至应收款流程在财务共享模式下的优化点包括如下五个部分。

(1) 统一单据格式和扫描要求：规范业务单据标准化格式，通过影像系统对收入入账的原始单据进行扫描上传。

(2) 收入暂估及调整环节统一标准：对于收入暂估，在获取确认的结算单后，差异调整时统一做全冲重新入账处理。

(3) 收入暂估凭证次月自动冲销：对于暂估收入冲销环节，在获取准确的结算单后，系统自动生成冲销凭证，减少人工干预，提高效率和准确率。

(4) 加强应收票据管理：加强票据背书转让管理的系统功能，提高工作效率与管理水平。

(5) 回款自动清账：启用系统自动清账功能，在收回应收款时，系统自动匹配对应的应收款并做核销处理。

6.4.2　采购至应付款流程

采购至应付款流程，描述了业务单位发生采购业务并签订采购合同与订单，取得采购发票后，通过扫描相关单据至影像系统并传递到财务共享中心进行影像资料的审核，应付发票处理与记账、对账、核销等一系列的操作并生成付款凭证的端到端流程。采购至应付款流程，如图 6-4 所示。

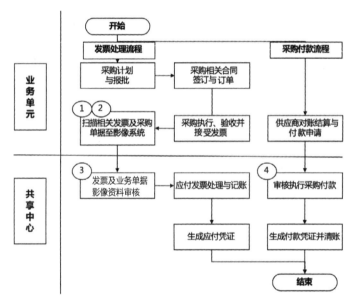

图 6-4　采购至应付款流程

采购至应付款流程在财务共享模式下的优化点包括如下四个部分。

(1) 统一单据格式和扫描要求：规范发票及单据扫描流程和要求，并通过影像系统对相关应付发票及单据进行扫描和归类，并与报账系统集成，影像与电子单自动匹配。

(2) 实现发票自动校重和验真：发票扫描功能识别采购应付发票号，并自动进行发票校重和验真，通过系统控制保证所提交发票的真实性和准确性，提高发票的审核和处理效率。

（3）影像系统自动识别后提取信息：通过影像系统，自动提取相关发票及业务单据信息进行匹配，并与报账系统及 ERP 系统进行集成，便于财务共享服务中心进行影像资料的核对。

（4）银企直联：通过审核后的付款指令推送至银企直联平台，进行资金的支付；资金支付完成后，将支付完成指令回传至 ERP 系统进行清账。

6.4.3　费用报销流程

费用报销流程，描述了业务单位发生费用报销业务后，通过扫描相关单据至影像系统并传递到财务共享服务中心进行影像资料的审核，进行预算控制、借款核销等一系列操作并生成会计凭证，进行资金支付的端到端流程。费用报销流程，如图 6-5 所示。

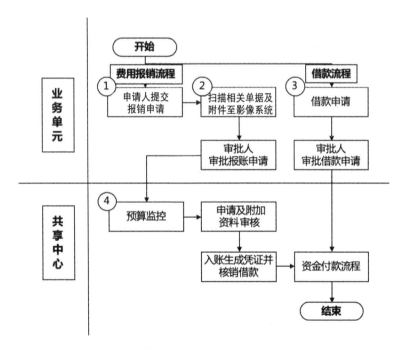

图 6-5　费用报销流程

费用报销流程在财务共享模式下的优化点包括如下四个部分。

（1）统一报账平台和报账流程：建设统一报账系统，规范不同类型的报账表单和流程，系统自动派工，加强全流程的系统控制并提高流程效率，实现全流程线上化及数据共享。

(2) 影像系统识别自动提取信息：通过影像系统收集单据扫描件并自动提取信息，与报账系统及 ERP 系统进行集成，便于财务共享服务中心进行影像资料核对。利用影像系统可协助识别，实现电子发票校重。

(3) 员工借款管理：规范借款/预付款管理，借助报账系统实现员工借款的查询、对账和跟催，实现借款与报销的自动核销等。

(4) 加强费用预算监控：通过打通预算系统和共享报账平台，以加强费用的实时监控，实现费用报销流程中费用预算的事中控制。

6.4.4 资产管理流程

资产管理流程，描述了业务单位发生资产新增、变更、报废等业务后，财务共享服务中心进行一系列操作并生成会计凭证的端到端流程。资产管理流程，如图 6-6 所示。

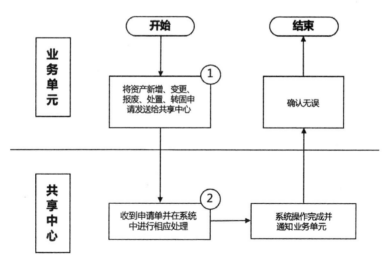

图 6-6　资产管理流程

资产管理流程在财务共享模式下的优化点包括如下两个部分。

(1) 业务申请标准化：业务单元将资产新增、变更、报废、转固申请，通过填写标准申请单并经共享平台传至财务共享服务中心进行处理，无须本地财务进行参与。

(2) 入账信息实时反馈：财务共享服务中心收到申请后，在系统中进行操作并将结果及时反馈给业务单元。

6.4.5　资金结算流程

资金结算流程，描述了业务单位发生支付业务(如费用报销支付、采购付款支付、资产购置支付等)后，财务共享服务中心接受付款信息并根据付款计划进行资金支付等一系列操作的端到端的业务流程。资金结算流程，如图 6-7 所示。

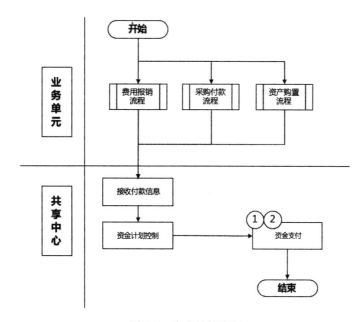

图 6-7　资金结算流程

资金结算流程在财务共享模式下的优化点包括如下两个部分。

(1) 拓展银企直连支付：将银企直连应用范围进行拓展，支持对员工报销等对私业务的资金结算。

(2) 提高银企对账效率，强化应付清账控制：将支付成功的状态回传至 ERP 系统，改写支付记录的实际支付状态。同时，在应付清账逻辑中加入判断，例如按日期、合同等关键字段作为清账逻辑进行应付清账，控制只有完成实际支付的记录方可用于应付清账。

📖 **案例** **E 集团财务标准化**

E 集团为了实现财务转型、创建一流财务系统的战略目标，在 2017 年启动财务共享服务中心项目建设工作，为了满足财务共享项目的需要，同时启动了财务业务流程标准化工作。业务咨询顾问/专家对财务部门的销售到应收核算、采购到付款核算、资产管理与核算、总账核算与报表、资金管理等 11 个大业务流程进行整合，主体内容涵盖流程框架、流程图及流程操作规范。流程框架从整体上明确财务共享流程的内容、数量及层次；流程图直观地展现财务共享流程从业务发起、审批、核算到结算的各环节，并将控制点嵌入流程中。流程操作规范针对流程中各环节具体工作进行详细说明，进一步明确了控制内容、岗位职责，实现业务流程、单据、数据的标准化统一，最终形成《财务业务流程标准化手册》。

同时，财务共享项目组依据《财务业务流程标准化手册》，结合财务共享理念，对原流程进行梳理，共梳理出 180 个差异及改进点。通过 21 个专题进行讨论及详细设计，确认解决方案，产生 38 个变革点。变革点将从流程效率、财务内控、业务支持三方面带动流程效益提升。其中，费用报销流程变化最大，决策过程实现从人工判断到系统控制的全面改进，提升风险控制能力；投资管理流程提升最显著，通过线上全流程流转和控制，规范资本支出管理；付款流程效率提升最快，实现自动提醒与支付，平均每单处理时效提升 65%。

本章小结

业务流程管理的最终目的是为了使企业达成总体战略目标，实现使命与愿景。

因此，财务共享流程管理的目标应与企业战略目标紧密结合，在流程管理目标的指导下展开企业流程梳理与再造、流程执行、流程优化与维护等不同阶段的工作，以更加统一的标准和规范提升企业的管理效率。

财务业务的流程管理是财务共享服务中心建设的重心，其中流程再造是关键。企业需要关注流程再造的方式方法，选择合理的流程梳理途径，循序渐进地开展改革事宜，并在人事方面做出有效的协调，为企业员工提供优良的发展渠道和培育机制，避免在流程再造的过程中产生负面效应。

第 7 章

财务共享服务中心信息系统

信息系统是财务共享服务得以实现的工具。财务共享服务中心信息系统的主要功能包括：服务申请、自动化流程引擎、交互中心、自助服务、共享服务水平协议(SLA)、服务绩效(KPI)分析、权限管理、业务和系统集成工具、知识管理等。

7.1 财务共享服务系统解决方案

财务共享服务中心在确认了战略定位、组织设计、业务流程的形式后，就进入了具体的实施阶段，而财务共享服务系统解决方案则是共享服务得以落实的基础工具。SAP 共享服务解决方案内置财务、人力、采购、企业服务等流程，并结合全球优质业务实践，可帮助企业快速完成系统的启用与实施，节省时间与成本。SAP 共享服务解决方案，如图 7-1 所示。

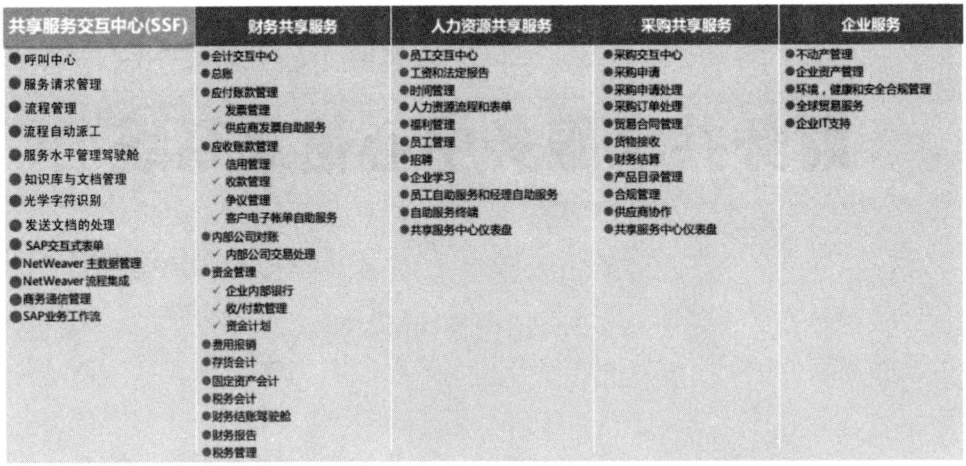

图 7-1　SAP 共享服务解决方案

7.2　财务共享服务技术平台

　　SAP 财务共享服务技术平台，是稳定的、轻量化的应用架构核心，是一个支撑共享服务中心运营的整合的、一体化的平台，可以立足集团企业组织和业务的快速发展，敏捷、动态地满足多职能(财务、人力资源、采购、IT 等)、全球化、多中心共享服务在不同发展阶段的功能需求和技术要求。该平台可以衔接前端应用和后端被服务对象的业务系统，各级业务人员和财务人员、共享服务操作人员和运营管理人员通过多样化的交互方式，接入共享服务体系，从而满足了前端应用的灵活多变的需要，同时致力于尽可能保护客户既有的信息系统。财务共享服务技术平台，如图 7-2 所示。

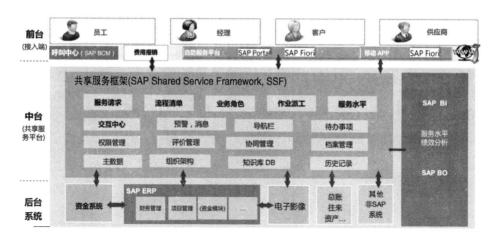

图 7-2　SAP 财务共享服务技术平台

从图 7-2 中可以看到，SAP 财务共享服务技术平台基于流程、界面和数据集成的技术支撑，结合身份认证和单点登录，连接被共享的多个业务系统(包括 SAP 和非 SAP 系统)，既保证了整个共享业务和数据在系统间的无缝顺畅流转，又敏捷地支持了被共享的业务系统随着集团业务(组织和职能)调整而产生的变化。

此外，SAP 财务共享服务技术平台具备了完善的运营管理功能，当共享/外包服务处于分散、集中、共享、外包中任意一个阶段时，系统都可以为运营管理提供快速的功能适配。

7.3　财务共享服务功能架构

财务共享服务功能架构定位于支持财务共享服务中心的共享服务与运营管理，它以"服务框架"的方式提供了一系列的功能，用以支持财务共享服务从内部组织管理、人员管理、绩效管理到面向外部的服务管理、交互渠道管理等功能。财务共享服务功能架构的核心功能，如图 7-3 所示。

图 7-3　财务共享服务功能架构的核心功能

1. 服务管理

服务管理功能,可用来定义和管理所有与财务共享服务相关的服务等级及协议。服务管理的具体功能如下。

- 服务产品：根据服务目录定义共享服务中心可以提供的服务产品。
- 合同管理：根据选定的服务及商定的条件，与客户确定服务合同的内容。
- 服务与合同的关联：在服务请求提出时，实现对有效服务及合同的自动关联。
- 服务等级确定：通过合同、客户及相关服务流程，自动指定服务等级协议。
- 服务计费与成本分摊：通过服务量及服务目录，以及合同的相关规定，实现服务的计费及成本分摊。

2. 请求管理

请求管理功能，即针对用户的服务请求，从提出到解决方案，实现全过程的捕捉。请求管理的具体功能如下。

- 服务请求的创建：通过服务请求的创建，实现对服务内容所有相关信息的捕捉，包含请求服务内容，开始及结束时间，影响、紧急性及优先级等。
- 服务请求的分类管理：通过服务分类的详细定义，实现对服务类别及服务分发的精确管理，同时实现部分服务方案的自动匹配和分发。
- 服务方案的提供：与知识管理功能集成，帮助共享服务支持人员查找相关的服务方案，从而快速、准确地提供服务支持。

- 服务请求的关闭：关闭用户的服务请求并通知用户；同时触发后续的工时记录及计费功能的实现。

3. 用户管理

用户管理功能，是基于用户权限、用户角色的管理，该功能具有较强的灵活性。用户管理的具体功能如下。

- 用户数据的创建与变更：与 SAP 传统用户管理一致，用户的创建与变更都会有相应的系统日志记录。
- 权限管理：提供了一整套非常灵活的基于对象权限、用户角色和用户组概念的用户管理和授权机制；根据应用需要，设置非常细微具体的用户组、用户角色、工作列表等权限控制。
- 单点登录：支持用户单点登录，使用 SAP 登录和用户集合进行不同系统间用户名和密码的转换。

4. 流程管理

流程管理功能，即支持业务流程的定义、执行和跟踪，实现跨系统、跨组织的业务流程整合。流程管理的具体功能如下。

- 业务流程定义：通过后台可以方便实现业务流程的定义，包括业务规则的设置、各流程节点的设置，支持跨系统、跨组织的业务流程。
- 流程审批：支持多种审批方式，包括平台内审批、邮件审批、门户工作待办审批、移动审批等。
- 业务流程监控：流程透明化，申请人随时可以查看业务流程的审批路径、当前状态，记录每个业务流程节点所耗时间，支持绩效评估。
- 业务流程引导：流程式操作引导，系统方便易用、避免操作步骤遗漏，确保流程标准化执行。

5. 知识管理

知识管理功能，提供信息收集和管理企业的知识和经验，如业务流程、用户操作、问题解决手册及业务白皮书等。知识管理的具体功能如下。

- 知识信息收集：通过计算机化的方式收集知识信息，并通过组织化管理使知识信息再利用，用户可在组织中创建、提交并共享知识。

- 知识信息的生命周期管理：知识文档的状态能够显示其所处的知识业务流程，通过处理、协同、管理，实现知识信息的创建、再处理、信息共享、归档管理，以及错误删除等。

- 信息检索：支持对文档信息属性和自定义文本的搜索，支持多语言知识归档，在知识信息中附加对象信息。

- 与交互中心集成：通过知识搜索功能，方便交互中心工作人员查找到相近类别的内容，并将查找到的内容通过邮件附件的方式提交给服务中心客户。

- 用户使用权限管理：知识信息在共享时能够设定信息的共享范围，如所有用户、内部用户，或者保密信息。

6. 集成管理

集成管理功能，能够从人员、流程、数据等层面继承后端系统，如 ERP 系统、BW 系统等。集成管理的具体功能如下。

- 多种集成技术支持多个后台操作系统的集成：共享服务平台会连接多个后台操作系统，包括SAP 系统、非SAP 系统。

- 多种业务功能应用的集成：在共享服务平台上，能够将共享服务的不同业务内容集成，如SAP 共享服务框架已经提供财务共享、人力资源共享、采购共享和IT 共享的应用集成。

- 界面集成：将被管理系统的界面集成到共享服务平台，无论 SAP 系统或非 SAP 系统，都可以将其界面集成到共享服务平台。

- 数据集成：可以在共享服务平台上直接显示事件相关的业务内容，并将其相关联的业务流程显示出来。

7. 客户/伙伴关系管理

客户/伙伴关系管理功能，可与后台系统集成，实现客户与业务合作伙伴的管理。

客户/伙伴关系管理的具体功能如下。

- 客户数据的创建：根据共享服务对象，以及接入后台系统的数据信息，进行客户数据的创建。
- 业务伙伴的创建：针对共享服务被提供对象的信息，创建业务伙伴的信息(员工、供应商、客户)。
- 客户及业务伙伴关系管理：通过创建客户及业务伙伴系统，在财务共享服务中心实现针对客户的服务管理，针对业务伙伴提供相应的共享服务管理，同时与呼叫中心实现无缝集成。

8. 呼叫中心

呼叫中心功能，可通过与沟通工具的集成，为共享服务中心支持人员提供易于使用的工作平台。呼叫中心的具体功能如下。

- 直观的用户界面：通过为呼叫中心支持人员提供必要的使用权限，实现简单直接的菜单显示，满足工作中所有业务操作的需求。
- 沟通管理：通过业务沟通管理或其他第三方软件的支持，实现电话接入；通过队列及自动应答管理将信息传入流程及联系人管理；通过用户提交的需求不同实现自动识别用户信息，减少呼叫中心人员与客户的沟通成本。
- 与解决方案查询的集成：通过与邮件系统的集成，实现对已有及常见问题快速及专业的回复。

9. 绩效报告

绩效报告功能，用来支持组织绩效和个人绩效的分析，并形成报告。绩效报告的具体功能如下。

- 相关服务时间收集：通过对服务分类的定义，收集不同服务类别的相关处理时间和处理结果。
- 提供绩效指标：根据合同中明确的服务类型和相关服务水平，提供关键绩效指标。
- KPI 展示：提供可视化的 KPI 展示。

7.4　财务共享服务系统集成

财务共享服务中心与相关业务、与运营管理系统集成，所围绕的核心都是财务共享中心对内、对外的服务输出。前端业务系统作为业务的引擎承载实际业务并实现在相关专业领域的功能支持，而财务共享服务中心的运营管理系统则作为支持业务的服务输出平台提供相应的功能支持。因此，共享服务平台可作为财务共享服务中心的服务与运营管理的核心系统，实现与财务共享中心相关系统的对接。财务共享服务平台与业务引擎系统的关系，如图 7-4 所示。

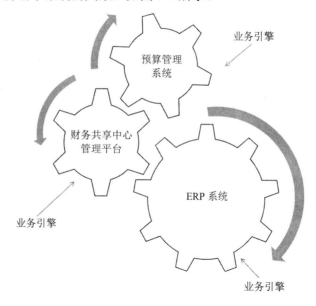

图 7-4　共享服务平台与业务引擎系统的关系

我们可以看到，包括 ERP 系统、预算管理系统等，均以业务引擎的方式实现与共享服务平台的集成。这些业务引擎为共享服务平台输出服务请求，而共享服务平台则作为服务的集中管理中介，提供服务输出过程中相应的流程与功能的支持。

财务共享服务中心在提供服务输出时，通常会有被动的服务输出和主动的服务输出两种模式，从财务共享中心综合绩效角度来看，无论何种模式的服务输出均应当计入组织和个人的绩效上。因此，除了支持自动的服务请求生成的集成接口以外，还需要同步考虑由财务共享服务中心主动发起的服务请求业务。财务共享服务中心不同的服务模式，如表 7-1 所示。

表 7-1　财务共享服务中心不同的服务模式

流程大类	业务	主要支撑的系统	服务模式	业务发起方	
				BU	FSSC
应收流程 (OTC)	信用管理	CRM/ECC	根据 BU 请求/FSSC 主动服务	√	√
	应收记账	CRM/ECC	根据 BU 请求/FSSC 主动服务	√	√
	账龄分析	ECC	以 FSSC 主动服务方式为主		√
	收款管理	EAS/ECC	以 FSSC 主动服务方式为主		√
	……	……	……	√	
应付流程 (PTP)	采购申请	SRM/CE/ECC	根据 BU 请求提供服务	√	
	采购执行	SRM/CE/ECC	根据 BU 请求提供服务	√	
	收货与发票	CE/EAS	根据 BU 请求/FSSC 主动服务	√	√
	付款	SRM/CE/ECC	根据 BU 请求/FSSC 主动服务	√	√
	……	……	……	√	
资产流程 (AM)	资产新增	CE/ECC	根据 BU 请求提供服务	√	
	资产转移	CE/ECC	根据 BU 请求提供服务	√	
	资产报废	CE/ECC	根据 BU 请求提供服务	√	
	资产折旧	CE/ECC	以 FSSC 主动服务方式为主		√
	……	……	……	√	

作为前端业务引擎的财务共享服务中心，综合报账平台提供了完整的报账业务申请与审批功能支持(业务的实际承载系统)。根据流程节点设置，当该流程走到预先设定的需要财务共享服务中心接入的节点时，业务引擎系统即自动调用共享服务

平台系统接口发起服务请求，共享服务平台系统根据收到的服务请求信息进行任务的分配和处理。此外，除了通过集成接口传递的服务请求之外，财务共享服务中心用户也可以在共享服务平台手工创建服务请求单，主动向被服务对象提供服务并完成服务过程的记录。

7.5 财务共享服务中心信用管理

财务共享服务中心作为服务的提供方，在做出服务时必须具备一定的前提条件，如服务接收方的义务、服务环境等。因此，对于违反双边协议或服务前提的行为，财务共享服务中心有权对被服务对象进行相应的评分，在一个评分周期内(如三年期、一年期、半年期)形成对被服务对象的信用等级评定并更新为信用档案。

7.5.1 信用评分标准

在进行信用评分之前，应当首先建立企业的信用评分标准和信用评级体系。一方面，给系统功能设计了清晰的逻辑标准；另一方面，可以通过相关标准的提前发布确保业务人员在业务报账过程中保证应有的诚信、必要的操作谨慎性，降低企业因违规业务的频繁发生导致额外的风险管控成本。

信用的评分建议以财务共享服务中心综合报账平台的单据为评价基础，而评级则建议基于单据的评分结果综合计算得出。被评级的主体可以是个人也可以是部门，不同信用等级的个人和部门在进行相关业务申请、报账时将会面对不同的审查等级，对于信用评价等级较低的个人，可以采取更为严格的费用报销票据审核流程。

信用评分的基础，一般为提交到财务共享服务中心的各类业务单据，信用的累计评分、评级根据每张业务单据的评分结果进行汇总计算取得。员工信用评级示例如表 7-2 所示。

表 7-2　员工信用评级示例

信用等级	对应权益	升级条件(符合全部所列项)	降级条件(符合任意项)
A+	付款期 1 天：费用票据交财务后可立即打卡充值，票据后审	不适用	降到 A 级：报销中发现假票或费用违规，个人借款超期不还
A	付款期 5 天：费用票据交财务审核后，逢结算日打卡充值	升到 A+级： • 连续 6 个月报销，费用无虚假票据，无违规事项 • 报销单据的填写、粘贴规范，准确无误 • 无超期欠款	降到 B 级： • 报销中发现假票 • 报销费用违规，单次在 1000 元以上或 1000 元以下累计 10 次 • 平台、系统违规操作 • 个人借款超期不还
B	列入黑名单 B 类，费用延后 1 个月，人为造假。给予报销者假票金额 2 倍索赔，建议人力给予处理	升到 A 级： • B 类员工自降级之后连续报销 50 笔费用无假票、无违规事项 • 无超期欠款	降到 C 级： • 报销中第二次发现假票或费用、操作违规 • 个人借款超期不还
C	列入黑名单 C 类，取消费用核销权利，冻结个人工资账户，建议人力给予辞退处理	不适用	不适用

7.5.2　信用评分流程

当业务单据提交到财务共享服务中心后，信用评分的流程节点主要可以分为财务共享服务中心信用初审、员工复核、财务共享服务中心内审复核，以及信用档案更新几个大的步骤。

1. 业务填单与审批

在收到单据后，业务人员按照财务共享服务中心综合报账平台的单据与流程设置进行单据的填写，相关审批人完成对应的审批流程。

2. 单据审核与信用评分

财务共享服务中心的审核岗人员在审核费用报销单据时，如果发现有违反规定，甚至造假的单据，则会在系统中提出，并对提供单据的员工的信用进行扣分，记录到"员工信用评分表"中。

3. 员工确认信用评分情况

扣分后，系统会自动提示该提单员工，如果员工对自己的信用评分存在异议，则可以提起申诉至内审组。

4. 信用评分重新审定

内审组根据员工提起的评分争议的申诉，对单据进行重新审核，确认是否更改信用评分，复核完成后再返回员工由员工进行确认。

5. 定期更新信用档案

根据企业设定的信用评分更新周期，基于单据的信用评分结果对该周期内的员工信用档案进行集中更新。评分的基础可以按照一年进行滚动，即根据一年内的所有评分记录计算信用等级，对于超过一年期的信用评分记录则视为自动失效，不纳入当前信息档案数据的采集范围。

7.5.3 信用评价表

由于信用评分是基于业务单据开展的，而每一张业务单据都可以对应到业务提单人、提单人对应的人力组织，因此可以基于单据的信用评分结果综合取得针对人员的信用评价结果和针对部门的信用评价结果。我们会设定信用的生效和失效时间，比如将过去一年的业务单据记录作为信用评价的基础，超出范围内的信用评价结果则自动生效。信用评价表，如表 7-3 所示。

表 7-3　信用评价表

姓名	部门	当前信用评级	累计信用得分	季度信用减分	年度信用减分
张三	财务	A	95	1	5
李四	生产	C	97	0	3

7.6　财务共享服务中心交互管理

在企业信息化的建设、完善过程中，受组织改革、流程再造、IT 规划、实施成本等多方面因素的影响，部分企业在系统实施后，未能及时建立类似于技术支持、呼叫中心等配套支持系统的运维管理，导致 IT 系统的问题提出、记录与解答停留在人工处理阶段，这与信息系统建设初期要求强化系统应用，建立长期、稳定的运维管理机制的初衷是相悖的，在一定程度上制约了信息系统的良好应用。特别是在集团型企业中，支持系统缺失的影响更为显著，这也成为影响大型企业信息系统应用效果持续提升的阻碍。

因此，在建立财务共享服务中心高效的问题支持与交互体系方面，建议优先从提升 IT 问题的管理效率、提升用户满意度方面入手，引入适当的、高效的、简单易用的问题管理解决方案。

7.6.1　财务共享服务中心交互流程

财务共享服务中心的交互流程，是指用户在流程应用与系统使用的过程中结合实际的业务情况产生的具体问题，需要得到解决问题的支持。

1. 问题查询

用户可以登录到问题支持系统进行问题的查询，如果是系统使用过程中的具体问题，则直接可以进行单点登录的跳转，该问题支持系统也可以直接基于财务共享中心综合报账系统进行部署、实施。在提报问题之前，进行问题的查询是必要的步骤；在查询的过程中，可以通过设定"至少需要输入的查询参数"(如问题的关键字、问题的分类、提出的时间)来引导提问用户进行主动的分析、思考。

2. 是否提报新问题

用户基于查询的结果进行分析，如果当前问题库中已经有完整的问题解决方案且能够支持用户基于这些信息自行解决问题，则不需要提出新问题，如果问题库中没有相关信息，则用户可以进入下一页面提报新问题。

3. 新问题提报

用户可以在该步骤详细对问题的具体情形进行描述，同时需要对问题进行大致的分类，问题提交人的组织信息、联系信息则自动取自用户的个人资料。

4. 问题分配机制

对于已经建立了问题统一支持与分配体系的企业，可以在信息系统内固化问题分配机制，该问题分配机制可以是自动的，也可以由人工分配完成。

5. 支持团队进行问题解答

在明确问题的责任支持人员后，支持人员可以在线进行问题解决方案的阐述，在此过程可以修正用户对问题的描述、问题的分类，以方便后续更好地备查，进而成为问题知识库的重要来源。对于需要电话补充沟通的问题则可以直接根据用户预留的信息进行电话沟通，在电话沟通之前需要先提报问题，见到问题单号才准予进行问题的线上或者电话支持。

6. 问题是否解决

用户根据支持团队问题解答的情况判断遇到的问题是否得到解决。如果得到解决，则执行问题的关闭和评分程序；若问题尚未得到解决，则可以进一步和支持团队进行后续的"问题反馈"。

7. 问题反馈

对于未能得到解决的问题，系统可以支持用户和团队进行多轮次的沟通、互动，直到问题得到妥善解决。

8. 关闭问题与评分

对于已经解决的问题，用户需要执行问题的关闭和在线的评分(如五分制的满意度设置)，评分的结果是对运维支持团队绩效考核的依据之一，对于评分较低的问题也需要用户说明具体的原因，以方便运维支持团队持续地支持绩效的提升。

在财务共享服务中心交流管理系统中，问题管理流程设计的核心诉求是"流程的高度灵活性"与"借助系统引导用户主动分析"。流程的高度灵活性，是指问题管理平台的流程设计必须方便问题的分配与再分配、用户与支持团队间的互动。借助系统引导用户主动分析，主要是指用户在提出问题之前必须进行问题的查询，在查询出的结果仍然不能满足要解决的问题时，方可创建新的问题。

7.6.2　财务共享服务中心交互功能

财务共享服务中心的问题支持平台，其设计与实施的最佳实践具备完整的问题查询与提报、问题分类、问题分配与解答、反馈与关闭评分，以及对应的主数据管理、问题状态管理、记录跟踪、附件上载、自动触发邮件通知、评分等功能。同时该平台提供了灵活的配置选项，允许运维团队对系统分类、问题大类与子类、紧急程度、运维责任人员等进行灵活配置，有效地扩展了平台的适用性。

该平台在细节方面功能的添加，则有效地提升了用户在问题查询、提报、跟踪、解决等方面的体验。

- 问题多维度检索：可依据"关键字、问题状态、模块、时间、人员"等维度组合进行问题的灵活检索。
- 问题状态自动管理：系统自动依据预设逻辑判断并更新问题状态。

- 自动邮件通知：每当问题状态更新，系统都将自动发送通知邮件到相关人员。
- 附件上传与下载：对于文字难以描述的问题，可以通过附件方式说明，对于同一问题可多次上传用于问题的描述和解答，附件允许采用包括 Office 文档、图片、压缩包等大部分文件格式。
- 问题交互：问题提交后，用户与支持团队仍然可以进行交互，允许问题的后续更新、反馈与评分。

7.6.3　财务共享服务中心问题综合分析

财务共享服务中心的问题管理平台中，配套决策支持的商业智能报表，提供了企业对当前存在的信息系统相关问题的分析及问题平台应用成效分析方面的功能，允许企业的管理部门基于分析结果及时做出适当的决策。

问题管理平台配套的 BW 报表，允许针对顾问支持平台的问题数据进行多纬度分析。例如，可以从公司、系统、模块、问题分类等角度对当前问题数据进行分别或者综合分析。借助问题平台提供的强大的问题统计与分析功能，财务共享运营的相关部门可以及时发现运维管理过程中系统的主要问题，一改过去手工问题统计与分析的种种不便捷，通过该平台下问题的透彻分析，及时、有效地帮助信息系统完善、提升，为后续信息化决策提供科学、有力的决策支持。

📖 **案例**　F集团财务共享服务双平台应用架构

F 集团企业为了实现财务转型、创建一流财务的战略目标，在 2017 年启动财务共享服务中心项目建设工作。通过对国内各大厂商和使用企业的调研，经过对比分析论证，最终锁定甲、乙两家财务共享平台实施商，拟承担集团财务共享服务平台的建设工作。

F 集团已建设的信息化系统较多，财务核算系统包括：SAP、Oracle 等 ERP 系统。经过业务咨询，纳入财务共享服务中心的流程包括：销售到应收、采购到应付、费用、总账及明细账、资金管理、资产管理。后续将纳入：财务报表编制、财务分析、税务管理等。此外，成本核算处理方式保持不变，在 ERP 系统自动处理。

甲厂商的建设思路：建议使用财务共享服务平台及配套的功能模块，如资金、税务、资产等功能模块，弱化现有的 ERP 核算系统功能。由于企业规模太大，业务模式太多，若采用这种建设思路，会导致功能模块需要不断地定制化开发，财务共享服务平台与 ERP 核算系统的集成，接口开发数量将达到 60 余个，并存在大量的转换规则。由于与现有的 ERP 核算系统是不同厂商提供的，导致凭证集成接口存在借贷标识转换、核算规则等难点，对集成技术有很大的挑战。

乙厂商建设思路：建议保留大部分现有的 ERP 核算系统功能。该建设思路建议报账平台处理费用、总账、往来、资产、资金等工单的发起；运营平台负责工单的派发、单据稽核、制证、审核、资金支付等。把流程的压力即所有服务流程的压力尽量集中在中台，让中台负责大部分流程；把一小部分流程即用户端的流程，放到前台。这样共享服务框架是稳定的，轻应用的应用架构核心可以衔接前端应用和后端被服务对象的业务系统。各级业务人员和财务人员、共享服务操作人员和运营管理人员通过多样化的交互方式，接入共享服务体系，从而满足了前端应用的灵活多变的需求。与此同时，共享服务技术平台基于流程、界面和数据集成的技术支撑，结合身份认证和单点登录，连接被共享的多个业务系统，既保证了整个共享业务和数据在系统间的无缝顺畅流转，又敏捷地支持了被共享的业务系统随着集团业务(组织和职能)调整而产生的变化。

从建设成效来看，再结合 F 集团多业务板块要实现财务共享服务的需求，乙厂商的建设思路更加科学合理，并明显优于甲厂商的建设思路。

财务共享服务中心作为集团企业的运营管理手段，客观上要求共享服务系统具备两点：一是服务对象和提供的服务职能要敏捷应变；二是支撑财务共享服务中心自身运营管理模式的系统功能要具备可发展性。

当前环境下，多元化是大多数集团企业的发展方向，集团的规模增长既可能源于内生扩张，又可能源于外部并购，这就意味着财务共享服务中心的服务对象会随需而变。这些都要求财务共享服务系统具备足够的开放性和灵活性，按需快速地"插入"各类分子公司的相关业务。

本章小结

　　财务共享服务系统的建设不仅仅要考虑当前，还要考虑未来数字化、智慧化的应用需求，要具有可扩展性，不仅要满足财务共享服务的需求，也要促进未来IT、行政、采购等共享业务的发展。

第8章

财务共享服务中心数据规范

数据规范，是财务共享服务中心信息系统应用的基础和前提条件，也是规范核算工作，提高会计质量和出具会计报表的基础。

财务共享服务中心的数据规范职能，包含财务数据规范、财务流程规范、财务业务规范三方面的内容。通过数据的标准化、流程化，将有效提升财务共享服务中心信息系统的使用效率和效果。

8.1 财务数据规范

财务数据规范，是指在共享财务系统中描述的具体数据的概念，以及编制规则、使用原则等内容。

在财务共享服务系统的分类中，财务数据通常分为主数据和标准数据。

8.1.1 财务主数据

财务主数据，是指业财一体化的财务相关数据，如组织机构、企业行业、部门、会计科目、供应商、员工、客户、银行联行号、银行账户等。

1. 组织机构

在信息系统中，组织机构是指在一个集团公司下具有自己的资产负债表的合法独立单元，是外部会计核算的最小组织单位。公司代码代表一个独立的会计实体，拥有完整的会计账套，是对外报送法定资产负债表和损益表的最小单位，所有的凭证都将过账在公司代码层次上。它是信息系统内基于财务会计功能的基本组织结构单元，代表系统内独立的会计核算体系，拥有一整套独立而完整的会计科目体系和会计核算规则，一般与系统外的法人实体一一对应。

2. 企业行业

企业行业，对内它代表内部绩效考核的责任单元，用于归集生产、经营、管理活动中发生的费用和收入；对外它可以视作一个完整账套的子集，除了损益考核外，还可进行资产占用、现金流动的考核，可以出具完整的平衡表、损益表、现金流量表，以及税表。它可以隶属于一个特定公司代码，也可以跨公司代码定义。

3. 部门

部门在信息系统中归成本中心管理。成本中心是公司内部对成本费用进行收集的组织单元。计入成本中心的费用和成本可以用于进一步的分摊，并可以对成本中心未来费用进行计划，出具成本中心计划与实际的成本费用对比表。成本中心可以根据职能管理需求、分配原则等建立，按照公司代码/部门(处室，班组)原则设定。每个公司还需要设置一个公共成本中心，作为暂时不能区分部门的费用归属，可以通过分配分摊的方法归属到具体的成本中心上去。

4. 会计科目

会计科目，是按照国家财务会计制度及公司会计核算办法的要求而设计的，包含标准会计科目的一套完整的会计科目表，所有公司都使用这套运营会计科目表来记账。对于每一个会计科目，都有科目代码、科目名称等科目表层定义，各单位按核算需要选择所需的会计科目，并在此基础上创建公司代码层的属性，以便使用这些科目。

(1) 会计科目表层是基本层，维护着总账科目的通用信息，可以为所有的公司代码所使用。科目表层中的信息有短文本、长文本、账户组(如按货币资金类，资产、负债、权益、成本和损益科目的分类)，以及在各种通用语言下科目名称的翻译。科目表层还维护科目的合并数据，如每个运营会计科目表中的科目在集团会计科目表中对应的科目号，以及对应的关联公司等信息。

(2) 公司代码层中维护基于公司特性的专用信息，如不同公司的成本核算方式可由公司代码层的科目控制字段"字段状态组"来控制。公司代码层的控制信息还包括科目货币、未清项目管理、统驭科目类型、税务类型、自动记账处理、排序码、权限组等。

对于企业集团来说，会计科目的分层管理是必需的，因为它既统一了集团的会计科目表，又使得每个公司可以定义适合自身业务需要的科目信息。为了统一管控，会计科目主数据由集团公司统一管理。集团公司在系统中维护会计科目表层信息，各成员单位根据自身业务的需求维护各自公司代码层会计科目信息。会计科目在科目表层次的变动，应由集团公司统一触发维护。

5. 供应商

应付模块对应了供应商主数据，它是应付账款的明细核算科目。在供应商应付账款明细账过账更新的同时也同步更新到总账。供应商数据分为三个层次：第一层为通用信息，主要规定了科目分组、归类、名称描述；第二层为公司代码信息，可以对使用该供应商的公司进行公司层次特殊的信息维护，如付款方式、记账科目等。该特性可使一个供应商被多个公司共同使用；第三层为采购组织信息，主要维护与该供应商发生的采购业务的相关信息。

6. 员工

员工数据是集团内部的员工发生借款、报销等业务时使用的数据，在信息系统中也通过供应商数据进行管理。员工数据通过虚拟账户管理，没有明细到每个员工，具体的员工数据在共享报账系统中管理，到系统记账时该数据只表示为一个汇总的虚拟供应商。

7. 客户

应收模块对应了客户主数据，它是应收账款的明细核算。在客户应收账款明细账过账更新的同时也同步更新到总账。客户主数据分为三个层次：第一层为通用信息，主要规定了科目分组、归类、名称描述；第二层为公司代码信息，涉及该客户业务的公司可以进行公司层次特殊的信息维护，如付款方式、记账科目等，该特性可使一个客户的主数据同时被多个公司共享；销售数据是第三层，主要维护与销售业务相关的信息，如交付地点、开票时间等。

8. 银行代码和行码

银行代码储存银行的最基本信息，如银行的名称、国家、地区、城市、地址等。银行代码所对应的银行，既可能是供应商和客户的银行，也可能是企业自己的开户行。

开户行码管理的是"我们的银行"，存储的信息包括开户行描述、联系电话等。

9. 银行账户及账户标识

银行账户，是指对外支付时使用的收款方的银行账号，该账号与其对应的开户行账号一致。一个开户行可以对应多个银行账号，例如基本户和一般户；账户标识存储银行账号号码、货币、对应的总账科目等信息。

8.1.2　财务标准数据

财务标准数据，是指财务工作单独使用的数据，如固定资产属性、项目定义、专项管理、业务伙伴、金融机构、用户类型、投资期、现金流、贸易伙伴等。

1. 固定资产属性

固定资产属性用来表示该资产是在用还是未使用的状态，是部分报表在需要列示资产的状态时使用的，该内容存在于资产卡片数据上。

2. 项目定义

项目定义是一个总括的概念，是人们通过努力，运用新的方法，将人力的、材料的和财务的资源组织起来，在给定的费用和时间约束规范内，完成一项独立的、一次性的工作任务，以期达到由数量和质量指标所限定的目标。项目可以细分为多个数据，包括项目大类、项目中类、项目小类、WBS 元素属性、境内境外项目分类，以及前期项目分类等。

3. 业务伙伴

业务伙伴是指和某个商业主体有一定联系的另一个商业主体，这种联系可以是一种由合同约定、具有排他性的契约关系，也可以是在所处的商业网络里形成的，对顾客及竞争者展示的双方之间的一种松散关系。在贷款管理中，业务伙伴是指贷款的提供方，即主贷款人，一般为银行和非银行金融机构。

4. 金融机构

金融机构是借款模块主数据用到的一个业务属性，用来表示该主贷款人是属于银行还是非银行金融机构，或者非金融类企业的标识。

5. 投资期

投资期是表示企业的某个基建项目，在建设期各阶段核算时使用的一个字段。

6. 现金流

现金流是针对现金、银行存款、其他货币等科目设置的现金流入流出标识，用于生成会计凭证并形成现金流量表。在信息系统中，它是按直接法输出现金流量表时必须要维护的一个辅助核算字段。

7. 贸易伙伴

贸易伙伴是会计核算层面记录集团内部单位之间关联交易的单位标识，只要将集团内部单位设置为"公司"，交易层面就可以使用它作为贸易伙伴来标识和这个内部单位之间的关联交易。贸易伙伴可以用来记录与内部供应商、内部客户或内部投资/被投资单位之间发生的关联交易明细。根据合并报表的需求，各单位在财务核算系统中应运用贸易伙伴来准确记录与集团内部单位之间的业务交易明细，作为合并报表抵销数据的基础。

8.2　财务流程规范

财务流程规范，是指对财务流程节点进行定义，明确各个节点的关键任务和职责。

8.2.1　财务主数据流程

1. 客商主数据管理流程

客商主数据管理流程适用于客商主数据的日常申请、新增、删除等操作，明确了各个节点的关键任务和职责。客商主数据管理流程，如图 8-1 所示。

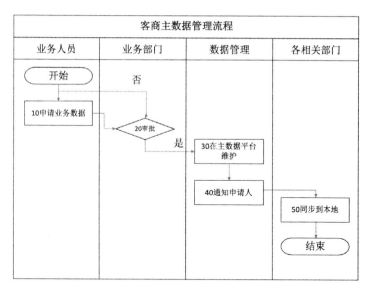

图 8-1　客商主数据管理流程图

客商主数据管理流程描述，如表 8-1 所示。

表 8-1　客商主数据管理流程描述

序号	部门及岗位	步骤说明	相关表单
10	业务人员	在实际业务发生中发现对应的数据缺少，经过查询未发现与实际业务一致的主数据内容，申请新增该数据，填对应的表单，并邮件或打印由本部门领导审批	数据维护申请单
20	业务部门	审核新申请的数据是否需要增加	申请单
30	数据管理	根据部门审批意见，视情况在主数据平台处理	申请单
40		通知流程发起人数据已经创建，可以同步数据到本地	申请单
50	各相关部门	同步数据到本地	申请单

2. 会计科目主数据管理流程

会计科目主数据管理流程，适用于会计科目主数据的日常申请、新增、删除等操作，明确各个节点的关键任务和职责。会计科目主数据管理流程，如图 8-2 所示。

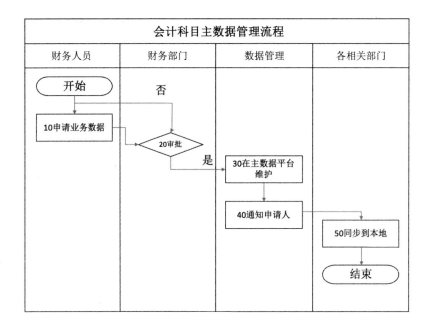

图 8-2　会计科目主数据管理流程

会计科目主数据管理流程描述，如表 8-2 所示。

表 8-2　会计科目主数据管理流程描述

序号	部门及岗位	步骤说明	相关表单
10	财务人员	在实际业务发生中发现对应的科目缺少，申请新增该数据，通过邮件等形式发送申请	数据维护申请单
20	财务部门	审核新申请的数据是否需要增加	申请单
30	数据管理	审批通过后增加科目	申请单
40	数据管理	通知相关发起人	申请单
50	各相关部门	同步数据到本地	申请单

3. 银行账号管理流程

银行账号管理流程，适用于银行账号数据的日常申请、新增、删除等操作，明确各个节点的关键任务和职责。银行账号管理流程，如图 8-3 所示。

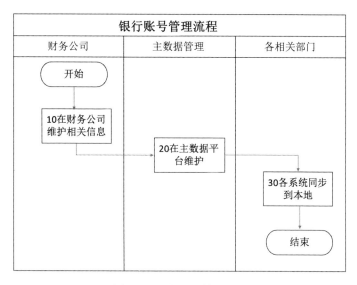

图 8-3　银行账号管理流程

银行账号管理流程描述，如表 8-3 所示。

表 8-3　银行账号管理流程描述

序号	部门及岗位	步骤说明	相关表单
10	财务公司	财务公司根据实际业务在自己的系统中维护银行账号相关信息	数据维护申请单
20	主数据管理	主数据管理平台维护	申请单
30	各相关部门	同步数据到本地	申请单

8.2.2　财务标准数据流程

财务标准数据流程，适用于财务标准数据的日常申请、新增、删除等操作，明确各个节点的关键任务和职责。财务标准数据流程，如图 8-4 所示。

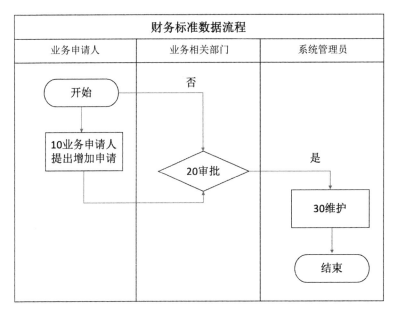

图 8-4　财务标准数据流程

财务标准数据流程描述，如表 8-4 所示。

表 8-4　财务标准数据流程描述

序号	部门及岗位	步骤说明	相关表单
10	业务申请人	相关业务申请人发现缺少对应数据，提出申请	数据维护申请单
20	业务相关部门	相关业务部门审批	申请单
30	系统管理员	系统运维管理维护	申请单

8.3　财务业务规范

财务业务规范，是对业务操作的流程、方法进行规范。财务业务规范，可按照应收业务、应付业务、资产业务、总账业务和资金业务几个模块进行分类并应用。

8.3.1　应收业务

应收业务模块，提供了对于客户的应收账款、预收账款和收款清账等业务的核算与管理功能。应收业务模块下的核算信息都来源于财务，由业务部门提供相关单据、财务记账。

应收业务涉及的科目包括应收账款、应收票据、其他应收账款、销项税、主营业务收入、其他业务收入等科目。应收账款、票据等业务按业务部门提供的单据做账，借记应收类科目或银行类科目，贷记销项税和收入类科目。应收账款类科目统一核算客户、组织层级、贸易伙伴、企业行业等业务。销项税科目统一核算税及税率，按实际的税率增加辅助核算。另外，还要核算增值税征收范围，按货物或服务销售的实际情况填列。业务收入科目核算业务性质、客户、数量、组织层级、贸易伙伴等内容。组织层级、贸易伙伴视客户性质而定，如果是内部客户就需要核算，否则不需要。

8.3.2　应付业务

应付业务模块，提供了对于供应商的应付账款、预付账款和付款清账等业务的核算与管理功能。同时，基于信息系统模块协同应用的特点，应付账款模块与库存采购模块有着高度的集成，基于采购订单或收货单的供应商发票可以通过集成过账的方式自动形成应付账款凭证。

应付业务在集成物资模块分三个步骤完成，第一阶段为创建合同采购订单，此阶段不产生会计凭证；当供应商送货到厂，库管进行验收入库，则进入第二阶段，此阶段应借记原材料、库存商品等科目，贷记在途物资科目；当供应商开来发票后对发票进行校验，就进入第三阶段，此阶段借记在途物资科目，进项税科目，贷记应付账款科目。

应付业务涉及的科目包括应付账款、应付票据、预付账款、其他应付账款、进项税、在途物质、生产成本、项目成本、银行存款等科目。应付账款、票据类科目统一核算供应商、组织层级、贸易伙伴。如果供应商是内部供应商，组织层级、贸易伙伴是必须要输入的，否则不需要核算。进项税科目统一核算税及税率，按实际的税率增加辅助核算。另外，还要核算增值税征收范围，按货物或服务销售的实际情况填列。

8.3.3 资产业务

资产业务模块，是通过专项科目核算的具体内容，包括会计准则中的固定资产、无形资产、投资性房地产、使用权资产等内容。资产业务可按原值、折旧、减值准备三个维度细分，每个维度又分为增加和减少，具体可再细分为每种类型的增加和减少。

资产业务的具体科目涉及固定资产、累计折旧、固定资产减值准备、无形资产、累计摊销、无形资产减值准备、使用权资产、使用权资产折旧、使用权资产减值准备、投资性房地产、投资性房地产累计折旧、投资性房地产减值准备等科目。

8.3.4 总账业务

总账业务模块，是指不通过业务集成而直接在总账记账的业务，包括长短期借款业务、坏账准备核算、税费核算、薪酬核算、成本费用、内部往来、长期股权投资等业务。

其中，长短期借款业务主要以借款合同为业务起点，以及后续的收款、还息、付款等业务。涉及的科目主要有长期借款、短期借款、应付利息、银行存款等科目。坏账准备计提时需要明确认定方式，是个别认定还是组合认定，按目前的管理对坏账准备计提时全部放入组合认定，年底手工进行调整。坏账准备涉及的科目包括坏账准备、信用减值损失等，需要核算客户、组织层级、贸易伙伴、认定方式、资产业务等内容。税费核算是指对税费相关的业务进行核算，包括应交税费、主营业务税金及附加、其他业务税金及附加、所得税费用等科目。成本费用主要是核算企业的生产成本，包括一般记账的成本费用，也包括物资发料、燃料等成本、修理费等。长期股权投资指通过投资取得被投资单位的股份，包括长期股权投资、投资收益等。

8.3.5　资金业务

资金业务模块，主要负责集团企业对外或对内进行资金往来的业务，包括收款业务、付款业务、票据业务等。

资金业务涉及的科目有银行存款、应收票据、应收账款、应付账款、应付票据等科目。银行存款科目包含贸易伙伴、银行账号、现金流量项目。如果是企业内部单位之间发生的资金流动业务，则贸易伙伴必须维护，否则不需要；银行账号按实际支付或收款的账号维护；现金流量项目按实际的内容进行核算。

本章小结

财务数据标准化是财务共享服务中心信息系统建设的基础，应该细分为财务主数据和财务标准数据两类，并进行分类管理。企业必须做好财务数据的定义、流程和应用，进而迭代地推动财务共享服务中心的优化和提升。

第 9 章

财务共享服务中心运营管理

运营管理的对象是运营过程和运营系统。运营过程是一个投入、转换、产出的过程，是一个劳动或价值增值的过程，它是运营的第一大对象。运营系统是对生产运营活动进行计划、组织和控制形成的总体架构。

9.1 财务共享服务中心运营框架

财务共享服务中心的运营框架包括服务水平协议、运营人员管理、运营流程管理和信息系统运维与提升等，具体内容如下。

服务水平协议，用以规范保障对外服务水平。例如，签订服务水平协议、设定服务水平标准，以及界定服务方与被服务方的责权利等。

运营人员管理，用以保障人力资源的整体素质和能力。例如，合理的职业发展通道规划、健全的人员培训体系、完善的绩效管理方案。

运营流程管理，从业务流程中识别所有关键控制点，明确管控方式。例如，根据管控要求确定流程效率、质量控制内容和目标，以及建立流程持续改进机制。

信息系统运维与提升，保障信息系统运营的稳定性，通过持续改进优化服务支撑的能力，完善信息系统运营规范和标准。例如，权限、数据和网络安全管理规范、建立信息系统持续迭代优化机制。

9.2 服务水平协议(SLA)

服务水平协议(SLA)是为了保障服务的性能和可靠性，服务提供商与用户间或者服务提供商之间定义的一种双方认可的协定。服务水平协议(SLA)包括服务的内容、最低可接受的服务水平，例外事项的解决流程、双方的沟通接口人，以及双方的签字盖章等内容。

9.2.1 服务的类型及内容

财务共享服务中心向客户提供包括员工费用报销、销售至应收、采购至应付、资金结算、资产核算、总账核算与报告等财务流程中的单据审核、会计核算、资金结算处理等多种服务。

1. 员工费用报销管理

员工费用报销管理的具体内容，如表 9-1~表 9-3 所示。

表 9-1　费用报销单据审核与记账

财务共享服务中心服务内容	客户职责
• 费用报销申请及其附件审核 • 费用报销申请业务会计处理	• 费用报销相关税务发票验真 • 费用报销申请单据签收 • 费用报销申请单据扫描上传 • 补充退单事项相关材料

表9-2　备用金借款/还款单据审核与记账

财务共享服务中心服务内容	客户职责
• 备用金借/还款申请及其附件审核 • 挂账备用金借款及核销备用金借款会计处理	• 备用金借/还款申请单据签收 • 备用金借/还款申请单据扫描上传 • 补充退单事项相关材料

表 9-3　费用报销期末关账

财务共享服务中心服务内容	客户职责
• 提供备用金借款余额及明细表 • 检查调整备用金借款余额 • 提供备用金借款余额分析报告	• 接收备用金借款余额分析报告 • 与员工沟通处理备用金借款余额

2. 销售至应收管理

销售至应收管理的具体内容，如表 9-4~表 9-8 所示。

表 9-4　收入暂估及结算调整的复核与记账

财务共享服务中心服务内容	客户职责
• 收入暂估入账处理 • 收入确认及调整入账处理	• 提供完整的收入暂估 • 提供确认的支持性附件

表 9-5　销售回款确认与记账

财务共享服务中心服务内容	客户职责
• 确定销售收入回款相关客户信息 • 负责销售回款核销相关会计处理	• 支持销售回款差异数据的确认 • 应收账款催收

表 9-6 预收账款审核与记账

财务共享服务中心服务内容	客户职责
• 确定预收账款相关客户信息 • 负责预收账款相关会计处理	• 支持预收账款异常数据的确认

表 9-7 销售收入回款核销复核与记账

财务共享服务中心服务内容	客户职责
• 明确销售回款核销明细 • 负责销售回款相关会计处理	• 支持销售回款核销异常数据的确认

表 9-8 应收账款期末关账

财务共享服务中心服务内容	客户职责
• 应收账款期末对账 • 编制客户应收账款余额表 • 应收模块期末关账相关业务 • 针对对账不一致的情况与客户沟通	• 与企业对账 • 针对对账不一致的情况与企业沟通

3. 采购至应付管理

采购至应付管理的具体内容，如表 9-9 和表 9-10 所示。

表 9-9 采购付款单据审核与记账

财务共享服务中心服务内容	客户职责
• 付款申请及其附件审核(含预付款申请) • 付款申请业务会计处理(含预付款业务)	• 付款申请基本信息录入 • 预付款/付款申请单据签收 • 预付款/付款申请单据扫描上传 • 付款申请预算验证 • 补充退单事项相关材料

表 9-10　应付账款期末关账

财务共享服务中心服务内容	客户职责
• 拟定并确认应付款关账清单 • 检查付款关账清单事项 • 应付模块期末关账 • 提供供应商余额明细表	• 与供应商对账 • 差异事项沟通

4. 资金结算管理

资金结算管理的具体内容，如表 9-11~表 9-16 所示。

表 9-11　资金支付(员工费用报销与采购付款)

财务共享服务中心服务内容	客户职责
• 资金账户支付结算 • 发送线下支付指令并更新支付状态 • 按照客户需求处理紧急付款 • 付款失败及退回反馈	• 制订资金计划 • 确定付款方式及付款日期 • 按指令处理线下付款 • 付款失败及退回原因查询与反馈

表 9-12　收款录入

财务共享服务中心服务内容	客户职责
• 银行账户流水变动录入 • 电子票据信息录入	• 线下收款录入(含现金、支票、纸质票据等)

表 9-13　现金管理

财务共享服务中心服务内容	客户职责
• 现金账务会计处理	• 现金存取 • 线下现金支付 • 现金每日盘点

表 9-14　票据管理

财务共享服务中心服务内容	客户职责
• 电子票据的接收与登记 • 票据管理业务的会计处理	• 纸质票据接收与登记 • 票据托收、贴现、拆票等线下处理 • 应收票据的盘点 • 应付票据的申请与处理 • 提交应收票据背书支付的付款申请 • 提交应付票据支付的付款申请

表 9-15　资金调拨

财务共享服务中心服务内容	客户职责
• 资金内部调拨操作 • 资金管理调拨操作 • 完成资金调拨业务的会计处理	• 制订资金计划 • 发起并审批资金调拨指令

表 9-16　银企对账

财务共享服务中心服务内容	客户职责
• 银行账户余额期末对账 • 银行账户期末余额对账差异处理 • 银行余额调节表编制与复核	• 取得银行账户期末余额 • 确认期末余额对账差异

5. 资产核算管理

资产核算管理的具体内容，如表 9-17~表 9-20 所示。

表 9-17　资产新增

财务共享服务中心服务内容	客户职责
• 资产申请单及附件的审核 • 资产卡片创建	• 资产申请单创建 • 支持性附件的提交与签收 • 支持性附件的扫描与上传

表 9-18　资产信息调整及维护

财务共享服务中心服务内容	客户职责
• 资产信息调整单及附件的审核 • 资产卡片维护	• 资产信息调整申请单创建 • 支持性附件的提交与签收 • 支持性附件的扫描与上传

表 9-19　资产报废与处置

财务共享服务中心服务内容	客户职责
• 资产报废与处置申请及附件的审核 • 资产卡片处理	• 资产报废与处置申请创建 • 支持性附件的提交与签收 • 支持性附件的扫描与上传

表 9-20　资产期末关账

财务共享服务中心服务内容	客户职责
• 拟定并确认资产关账清单 • 检查资产关账清单 • 资产模块期末关账	• 资产关账异常事项处理协助

6. 总账核算与报告

总账核算与报告的具体内容，如表 9-21~表 9-25 所示。

表 9-21　总账会计凭证录入与审核

财务共享服务中心服务内容	客户职责
• 凭证工单及影像资料审核与复核	• 业务单据编制
• 会计凭证录入与创建	• 凭证工单创建
• 会计凭证复核与过账	• 档案本地签收
• 经常性凭证创建与复核过账	• 影像资料上传

表 9-22　内部往来科目对账

财务共享服务中心服务内容	客户职责
• 编制内部往来对账表	• 内部往来差异原因分析
• 内部往来差异原因分析与协调处理	• 内部往来差异调整协助
• 内部往来差异调账处理	

表 9-23　关账清单管理

财务共享服务中心服务内容	客户职责
• 关账清单需求沟通	• 关账清单需求提出
• 关账清单统一要求下发	
• 总账关账清单编制	
• 关账清单审核与反馈	
• 关账清单汇总归档	

表 9-24　总账期末关账

财务共享服务中心服务内容	客户职责
• 总账关账清单检查事项确认	• 财务报表分析型复核检查确认
• 暂挂事项处理	• 财务报表确认
• 关账事项完整性检查	
• 试算平衡表检查	
• 财务报表分析型复核检查	
• 总账及各模块会计期间关闭	

表9-25　会计档案管理

财务共享服务中心服务内容	客户职责
• 提供整理会计档案相关信息	• 凭证打印 • 会计凭证的装订 • 原始会计档案的归档

9.2.2　关键绩效指标

财务共享服务中心采用"流程化"的运营管理模式,关键绩效指标是衡量流程绩效的目标式量化管理工具,为提高服务效率、保证服务质量及最终服务目标的达成,协议双方将针对具体服务类型对关键绩效指标(KPI)进行定义。为了使客户能够有效地对服务质量进行评价、确保服务目标的达成,财务共享服务中心有责任对关键绩效指标进行月度或季度报告,并通过邮件或财务共享运营平台通知呈递至指定的客户,客户有责任提供相关绩效评估所需的必要信息。

关键绩效指标主要围绕以下两项内容进行考察:

1. 服务水平

财务共享服务中心的服务水平,是指协议双方基于对具体服务类型、客户需求、服务复杂程度、服务时间等方面的综合考虑,进行协商与定义,由双方认可的服务标准,服务水平通过 KPI 进行评价。考核 KPI 通常包括效率、成本、服务满意度等多个维度。

2. 服务复核

为保证服务目标的达成、服务效率及服务质量的持续提升,财务共享服务中心应对协议期间内提供服务的关键绩效指标及服务水平的达成情况进行披露报告,对服务水平协议的执行情况进行定期服务复核。其中,初次上线的客户将在首期三个月向客户进行第一次报告,之后每年向客户进行一次报告。

9.2.3 服务计费

1. 运营成本

财务共享服务中心将基于历史年度运营成本及预算年度费用预算，测算预算年度运营成本，并按照财务共享服务中心内部成本类型，测算在分摊间接成本后的各业务核算组的运营成本。

2. 业务量

财务共享服务中心将根据历史年度的实际业务量及业务部门编制的业务发展计划，测算预算年度的业务量。最终的需求预测将与财务共享服务中心管理团队及客户经营管理团队协商沟通后确认。

3. 服务价格

财务共享服务中心将按照测算的各业务核算组的运营成本，根据税务要求、服务项目的特殊性及双方协定的加成比例进行成本计算，并以加成后的总体价格计算各业务组的业务标准单价。具体计算方法如下：

1）计费模型目标

计费模型的总体目标是提供透明化的定价和服务费用，便于客户和外部监管机构评价定价的公允性。为建立计费模型，应明确五项原则并予以优先满足，如表9-26所示。

表9-26　计费模型五项原则

优先级	原则	描述
1	操作简易	计算方法简单，方便操作，易于理解
2	预算管控	按照客户业务，确定预算年度主要业务量，严格按预算要求执行
3	价格公允	根据实际成本和市场对标，确定业务标准价格
4	价值创造	通过定义服务水平，提高服务质量，拓展服务范围，实现价值创造

(续表)

优先级	原则	描述
5	风险管控	根据上市公司关联交易和税务管理的要求，设计公允的收费模式，控制上市监管和税务监管相关风险

计费模型的设计是为了保证财务共享服务中心的运营成本经过加成后可以合理地分摊至相关业务，从而确定各类业务的标准定价。具体为财务共享服务中心的实际运营成本将首先分配至各业务操作模块，而后根据各业务操作模块提供的具体服务类型进行分摊。

计费模式的基本步骤为：定义内部成本项目并预测预算年度费用；非业务操作模块费用分摊；各业务操作模块服务成本加成比例确定；业务量预测及业务标准单价制定；计价系数调整及服务定价。

2) 成本归集

财务共享服务中心将按照成本类型预测各业务组日常发生的直接成本和间接成本。其中，直接成本计入各部门成本，间接成本按部门人员数量分摊至各部门成本。之后，将非业务操作模块部门已归集成本按人员数量分摊至各业务操作模块部门，从而完成基本成本的归集及分摊工作。

(1) 确定成本项目。成本项目的具体内容，如表 9-27 所示。

表 9-27　成本项目

成本类型	成本项目	成本定义
直接成本	人工成本	各部门人员薪酬及福利费支出
	业务部门日常运营费用	各部门直接相关的管理费用，如差旅费、办公用品、部门活动等支出
	部门特殊需求	各部门针对自身特殊需求发生的开发、活动等行为的支出

(续表)

成本类型	成本项目	成本定义
间接成本	信息系统费用	平台系统日常运维支出，共享运营平台系统开发、升级优化支出，软件及设备购置支出
	场地租赁费用	办公场地租赁支出
	资产折旧与摊销费用	日常资产折旧费用及前期资本化费用摊销
	整体运营费用	与财务共享服务中心整体直接相关的管理费用，如会议、集体活动等无法直接分摊至各部门的日常支出

(2) 确定要分配的主要部门类型。部门类型的具体内容，如表 9-28 所示。

表 9-28　部门类型

部门类型	部门名称
业务操作模块	应收核算组
	应付核算组
	费用核算组
	资产核算组
	总账核算组
	资金结算组
非业务操作模块	运营管理部
	管理团队

3) 服务定价

服务定价，主要是计算每项服务的价格，从而指导财务共享服务中心根据实际发生的业务量计算当月应收取的服务费用。

4) 标准费用分配因子

根据各模块核心业务选取业务量衡量指标作为成本分配因子，并预估预算年度相关业务量，从而确定各类业务标准单价。各业务操作模块成本分配因子，如

表 9-29 所示。

表 9-29 各业务模块成本分配因子

业务操作模块	分配因子
应收核算	收款单据数量
应付核算	应付及预付申请单数量
费用核算	费用报销单及员工借支申请单数量
资金结算	需求 FTE 数量
资产核算	需求 FTE 数量
总账核算	需求 FTE 数量

5) 服务费用计算公式

各部门内部分摊前成本=本部门直接成本+分摊至该部门间接成本
业务操作模块内部分摊后成本=本部门内部分摊前成本+
非业务操作部门分摊至本部门成本
业务收入(具体至部门)=提供服务的业务操作模块内部分摊后成本×(1+相关
服务成本加成比率)
各类业务标准单价=相关业务收入÷相关服务业务量

在确定具体服务定价时，财务共享服务中心可根据服务类别的业务操作复杂程度及难度，在大类业务标准单价基础上通过适当计价系数进行调整，以决定最终服务定价。

4. 服务计费调整

财务共享服务中心将在每年年末重新评估各类业务服务的单价，对于服务收费的实际测算单价与收费单价产生的差异，将按照实际单价进行调整。

9.3 人员管理

人员管理是保障财务共享服务中心人员的稳定，加强中心内部的监督与控制，规避潜在风险，增强人员的业务素质，并且形成一系列培养全方位人才的措施和方法。人员管理包含人员发展、人才培养、人员培训等内容。

9.3.1 人员发展

人员发展，是指财务共享服务中心在职业发展方面应按照公开、公平、公正的原则进行人员晋升，实现人才梯度的培养。人员发展是保障财务共享服务中心人员稳定，加强内部监督与控制，规避潜在风险，增强人员业务素质的关键。

财务共享服务中心应建立并实施员工职业发展岗位、能力双通道，为员工自我价值实现提供更大的平台和更多机会。

新增的岗位，是通过岗位测评，依据岗位劳动要素评价确定岗级。能力通道，是通过建立培训机制，构建员工能力发展通道，各个层级设置学历、专业技术资格、企业工龄、工作经历、工作成果等基本条件，员工能力层级通过本人申报、知识考试、能力评审等环节确定。

财务共享服务中心作为企业的人才培养基地，应对人员的基础技能进行培养和夯实。同时，基于专业化分工和技能框架的要求，配套人员培养机制和人员发展通道，以形成一支专业扎实、结构合理、规模适当、发展路径清晰的财务共享专业团队。例如，表现优秀的员工可优先进入业务财务部门工作，参与到经营决策的执行过程中，对业务的真实性和合规性等负责；企业选拔部门负责人时，也以一年内业务表现突出的员工优先；为经营决策做出突出贡献的员工，为财务实现价值创造表现优秀的员工，可优先进入各直属单位财务部门开展战略财务工作。

9.3.2　人才培养

1. 人员培训

财务共享服务中心新聘用的人员，原则上应先进入培训中心，培训期间需掌握中心各岗位的岗位职责和业务流程，培训时间至少为一个月，此后在具体岗位中进行在岗培训。培训后的员工，人力资源部根据其调入前的外部职称及调入后的岗位设定级别，试用期满，直接上级根据其绩效表现提出转正定级意见。

财务共享服务中心培训的类别主要包括：

(1) 入职培训。新员工上岗前，财务共享服务中心应对其进行入职教育培训，主要包括企业文化、规章制度、安全教育、职业素质训练、岗位职责介绍等内容。

(2) 岗位培训。财务共享服务中心根据员工岗位胜任要求和发展方向，通过集中内训、外出培训等多种方式帮助员工提高业务能力，包括岗位资格培训、适应培训、岗位轮训和岗位技能等级培训。

(3) 继续教育。财务共享服务中心鼓励员工参加与工作相关的国家认可的在职学历(学位)教育，以进一步提高创新能力和专业技术水平。

(4) 个人知识分享，主要是为了将高度个性化且难于格式化的知识，如个人主观的理解，以及个人经验、直觉等隐性知识在组织内部提炼分享。

总之，财务共享服务中心要打造"学习型组织、知识型员工"，倡导"终身学习、终身培训"的理念，为财务共享中心发展提供人才保证和智力支持。

2. 人员轮岗

财务共享服务中心人员在具备相应基本技能和经验的基础上，应进行岗位轮换，即根据实际业务情况各岗位人员实行轮岗制。

财务共享服务中心的主要轮岗方式包括：

(1) 内部岗位轮换。根据中心的机构设置情况，每年针对部分岗位开展专业化岗位轮换，轮岗方式包括共享中心处室(组)内部、各处室(组)之间的岗位轮换。

(2) 外部岗位轮换。在条件允许的情况下，岗位可在财务共享服务中心甚至外部单位之间展开轮换，实现人员的交流和输送。

财务共享服务中心可通过人员轮岗，扩大人员工作范围、提升工作能力。专业化岗位轮换的目标主要包含：为新入职员工和基层员工提供不断学习新的业务技能的机会，提升员工综合技能和素质；通过多岗位锻炼，开拓员工视野，积累业务经验；从人力资源管理角度，关注员工职业发展规划；在业务和人事条件均允许的情况下，实现财务共享服务中心与外部单位的人才交流；为企业的其他部门输出人才，同时也为引进新的人才做好规划。

9.4 业务运营管理

业务运营管理，是指财务共享服务中心在企业业务运营中的一系列保障措施，其主要内容包括绩效管理、质量管理、服务管理、标准化管理和制度管理等方面的内容。

9.4.1 绩效管理

绩效管理，是用于监控和管理组织绩效的方法、准则、过程和系统的整体组合，它涉及组织管理和运营的方方面面，并以整体一致的形式表现出来。绩效管理强调组织目标和个人目标的一致性，强调组织与个人的同步成长，形成"多赢"局面。财务共享服务中心绩效管理的内容如下。

1. 组织绩效

组织绩效，用于评价财务共享服务中心整体及各运营中心的绩效水平，以发现中心的运营短板，进行针对性改善，促进自我优化，形成良好的机制。组织绩效管理是实现财务共享服务中心目标的保障，主要表现为如下四个维度。

1) 财务维度

财务维度通常从费用预算完成率来考核，将财务共享服务中心作为成本中心，编制年度费用预算，对预算完成情况实施考核。同时，可以从人均业务处理规模和单位成本处理业务规模两个角度来考核，如表 9-30 所示。

表 9-30　财务维度考核指标

指标名称	数据源		计算逻辑
	A	B	
人均业务处理规模	总业务处理规模 (收入或资产)	核算人员数量	A/B
单位成本处理业务规模	总业务处理规模 (收入或资产)	人工总成本	A/B

合理设计财务维度考核指标，能够满足财务共享服务中心业务发展的要求，在确保工作质量的前提下降低成本。

2) 客户维度

以更低的成本为客户提供更优质的财务服务是财务共享服务中心战略目标实现的重点。客户维度主要关注客户投诉处理率与客户满意度，客户投诉处理率通过单位业务量投诉率、投诉建议解决比例及业务推广完成率来衡量，如表 9-31 所示。

表 9-31　客户维度考核指标

指标名称	数据源		计算逻辑
	A	B	
单位业务量投诉率	总有效投诉量	总业务量	A/B
投诉建议解决比例	已解决的投诉量	总有效投诉量	A/B
业务推广完成率	已纳入共享中心核算主体数量	集团内核算主体总量	A/B

除此之外，客户对财务共享服务中心的满意程度还可以通过定期对目标客户的服务感受进行征询来实施，主要是内部客户，即企业内部其他业务部门。例如，通过线上调查问卷的方式定期收集信息，并对结果进行分析。

3) 内部流程维度

提高业务处理质量与效率是实现财务共享服务中心战略目标的基础之一，也是从内部流程着手支持战略目标实现的直接表现。内部流程维度主要考虑会计信息质量与会计处理效率，可以从业务处理准确率及人均业务处理效率方面进行考核，如表 9-32 所示。

表 9-32　内部流程维度考核指标

指标名称	数据源		计算逻辑
	A	B	
业务处理准确率	错误处理数量	业务处理总量	1-A/B
人均业务处理效率	业务流程总处理单据量	流程总人数	A/B

注：人均业务处理效率指标是根据不同业务流程的复杂程度而有所区别，如销售至应收流程处理单据量可能相对较高，因此可以对于同一流程的该指标进行纵向比较，以反映服务中心的运营效率。

此外，流程自动化程度、财务服务质量也是评价内部流程的重要标准，财务共享服务中心管理人员或专门的管理小组可自行评价。

4) 学习与发展维度

学习与发展维度，主要是从员工培训、轮岗，以及流程优化方面选取指标，如表 9-33 所示。在员工培训方面，财务共享服务中心应该制定员工培训周期，对员工进行定期培训；在员工轮岗方面，中心应制订轮岗计划，让符合条件的员工进行一定比例的轮岗；在流程优化方面，可以通过制度不断优化企业流程。这三个方面是财务共享服务中心人员未来不断提高并创造价值的基础。

表 9-33　学习与发展维度考核指标

指标名称	数据源		计算逻辑
	A	B	
年度培训计划完成率	完成的培训计划数量	年度总培训计划数量	A/B
轮岗计划完成率	完成的轮岗计划数量	年度总轮岗计划数量	A/B
年度流程优化计划完成率	完成的流程优化计划数量	年度总流程优化计划数量	A/B

2. 人员绩效

人员绩效是对组织绩效的分解，即把组织考核指标落实到人员。人员考核以月为周期，进行月度考评，年终进行综合评定。

9.4.2　质量管理

质量管理，是指财务共享服务中心控制服务质量方面的活动，包括分析服务质量管理需求、策划服务流程、对服务的质量进行检测和控制，对服务中的薄弱环节进行识别，制定改进措施进行持续改进。质量管理包含的内容如下：

1. 内部质量管理

内部质量管理的目的，是为了保证会计政策、企业制度的贯彻执行，提高财务共享服务中心集中核算工作及对企业内外客户服务的质量，促进财务共享服务中心人员提高业务水平，强化质量管理。为了达到上述目的，财务共享服务中心需制定严格的质量管理办法。

2. 流程优化管理

流程优化管理的目的，是实现财务共享服务中心现有流程的持续优化，不断改善组织管理水平，提升工作效率，保证财务共享中心业务处理的正常、高速运转。

9.4.3　服务管理

服务管理，是财务共享服务中心员工对外服务工作的服务效果、服务能力、服务时限、服务态度等服务质量工作的管理与提升的过程。

服务管理通过一系列的监控、分析，了解客户需求，并依托于全员参与服务，达到使客户满意的效果。主要方法是建立财务共享服务中心与客户之间的多渠道服务机制，规范服务标准与评价体系，从而树立人员的客户服务意识，不断提高服务水平，减少因服务不畅所造成的流程不畅现象，提升客户对财务共享服务的满意度。

9.4.4　财务标准化管理

财务标准化管理，是对政策制度、会计科目、数据信息、成本标准、业务流程、组织体系实行统一管理，建立健全财务标准体系，以标准化保障共享化、促进集约化，夯实管控运行基础。其主要包含如下内容：

1. 统一政策制度

统一会计政策、财会管理制度体系，落实会计政策全生命周期闭环管理，结合信息系统加强财会政策制度的统一管控。

2. 统一会计科目

统一和细化会计科目体系、核算内容及辅助核算维度，完善会计科目与预算项目对应关系，建立统一的会计科目管理机制。

3. 统一数据信息

统一、细化、完善财务数据信息标准，建立主数据管理机制，健全集成数据标准，加强数据资产管理，并持续开展数据治理，保证数据的可用、完整、准确、安全。

4. 统一成本标准

建立统一的标准成本体系，提升成本测算、分析和决策的精益化水平，助力企业降本增效。

5. 统一业务流程

(1) 落实核算流程标准化，建立统一的核算原则和核算体系，搭建端到端的业财一体化管理流程。

(2) 建立统一的集团报表体系，以满足外部监管和内部管理需求，包括统一报表模板、确立报表指标体系、设计合并报表方案，规范关联交易规则及报表编制流程，实现数据共享。

(3) 规范预算管理流程，统一资金管理流程，实现标准化税务管理，加强稽核评价流程管理，最终保证标准化的实现。

6. 统一组织体系

通过构建权责清晰、科学高效的财务管理组织，稳步推进财务共享服务中心建设，提高组织体系标准化管理水平。

9.4.5　制度管理

完善的制度规范体系是确保财务共享服务中心有效运营的保障。财务共享服务中心的建设过程首先从建立业务流程体系及制度体系开始，这也是其内部运营管理制度、财务共享服务信息系统平台建设的依据。

财务共享服务中心业务流程的制度管理分为如下三类。

原则类制度：对规范的业务领域做出原则性的管理要求，它需要实施类制度或执行类制度进行细化和落实。原则类制度通常不会轻易改动，修订需履行公司的相关制度管理要求。

实施类制度：对业务领域内的流程或业务活动进行规范，是具有一定的可操作性的制度。

执行类制度：对具体岗位提出的工作要求和职责要求，或对业务领域内细化流程做出具体描述，岗位工作人员可以直接使用并指导工作的制度。

9.5 信息系统运维

9.5.1 业务运维管理

财务共享服务中心业务运维，包括事件受理、事件分配、事件跟踪、操作支持、用户培训、测试管理、功能配置变更、文档管理、知识库管理、模板管理等。业务运维管理的具体内容，如表 9-34 所示。

表 9-34　业务运维管理

运维能力	具体内容
事件受理	统一负责服务请求、记录和问题解答，并收集对于系统使用状况的反馈信息
事件分配	向上级提交无法解决的问题，并将结果反馈给用户
事件跟踪	跟踪、记录、汇总问题的处理与统计分析，并将结果反馈给用户
操作支持	对用户在日常工作中遇到的功能使用问题进行操作指导
用户培训	将由系统升级、应用扩展、配置更改后带来的操作变化、业务影响，以书面或面授方式告知关键用户，并按需为关键用户提供培训
测试管理	负责运维变更的单元测试、集成测试阶段的工作
功能配置变更	根据业务发展和变化的需要，变更或扩展当前系统的应用功能，启用新的功能模块或配置项，并组织测试
文档管理	管理并维护系统建设及业务系统应用相关文档
知识库管理	归档问题清单及解决方案，整理常见问题及解决方案并发布到知识库
模板管理	相关的业务系统实现方案的管控，如业务架构、应用架构、接口方案、流程图的修订、需求分析等

9.5.2　技术运维管理

财务共享服务中心技术运维，包含网络管理、主机管理、存储管理、安全管理、数据库管理、日常监控、变更传输、备份恢复、版本管理、用户管理、权限管理、代码开发、代码审核等工作。技术运维管理的具体内容，如表 9-35 所示。

表 9-35　技术运维管理

运维能力	具体内容
网络管理	保障网络运行，监控网络性能，以及诊断和报告故障
主机管理	检查系统主机的整体运行情况，对主机进行运行监控、巡检、故障处理、应急处理，技术支持，系统调优，软硬件升级等
存储管理	数据中心容灾中心存储，对数据存储运行的完整性和持续性提供保障
安全管理	对系统操作人员的登录、操作等情况进行安全检查和统计；根据系统可用性指标，参与制定应急与快速恢复方案，协助方案的实施，并参与方案的测试
数据库管理	数据库的运维工作，保障数据库的性能、运行，以及诊断和报告问题
日常监控	检查系统的整体运行情况，如各主要功能模块是否运行正常、日常备份是否有效、数据库空间是否足够等
变更传输	更改已完成审核、测试的配置和功能，根据传输策略定义传输至相关系统
备份恢复	按需制定周期性、阶段性的备份策略或方案，协助方案的实施并参与测试；协助用户修复由系统故障或错误操作带来的数据错误或损失
版本管理	根据业务发展和变化需要，升级系统版本、补丁更新等工作，完成后组织测试并参与验收
用户管理	协助业务人员进行用户的创建、修改、删除、冻结等工作
权限管理	配合业务部门进行权限策略设计，协助人员进行用户角色创建、修改、删除等工作，处理用户业务操作中由权限引起的问题
代码开发	负责功能代码开发
代码审核	负责功能代码审核
技术说明书	编写开发相关的技术说明书

财务共享服务中心的出现，不仅是一场大势所趋的技术革命，更是一场没有硝烟的管理韬略的比拼。它不等同于生产工具的简单替换，而是一次新技术在管理上的应用，更是一次自上而下、由内而外的管理变革，是一次巨大的质变。只有战略上高瞻远瞩，才能在"万物互联"的数字时代站稳脚跟；只有增强对人才的培养和关怀，才能握住时代发展的命脉。

本章小结

财务共享运营管理要按照运营框架不断地优化，通过服务水平协议建立和被服务单位的连接，加强人员管理，不断优化绩效、质量、服务、标准化和制度建设，加强财务共享服务中心信息系统的运维和能力提升，这样才能实现运营管理的最优化。

第 10 章

财务共享服务中心变革管理

对于组织来说，变革管理体现在人们通常理解的组织结构转变、部门间职责分工转变、工作流程转变等方面。变革管理不仅是对于组织机构，更是对于个人外在行为和内心本质的转变管理。对于利益相关人的转变要在不同阶段有不同层次的侧重，通过对行为和观念二者不断转变，才能碰撞出火花，这就需要在开展财务共享建设实施时，推进强化个人行为并固化行为，从而形成习惯，最终带来理念的转变。也就是说，变革管理的关键是要做到理念和内心的转变。

10.1 变革管理的意义

变革管理一直是 20 世纪以来管理理论与实践关注的焦点问题。从科学管理、行为管理到权变管理，从全面质量管理到企业再造与学习型组织，几乎每一种管理理论或指导思想都与控制变革的速度、方法和变革对机构的影响有关。

从不同角度看，变革管理作为一门学科，它是建立在管理理论、混沌理论、耗散结构理论，以及复杂系统理论的基础上，以变革为研究对象和内容的科学；作为一个术语，它是管理学与组织行为学领域的重要概念；作为一种过程，它是指在对原来组织管理体系进行改造与调整中所进行的系统策略安排和有效管理的过程。

在企业实施变革的过程中，员工的心理过程将从变革开始推行的盲目乐观，随着项目的推进，逐步经历抵触、反感、悲观、绝望，继而采取积极尝试的态度，接受并主动完成变革。变革管理的目标，是尽可能减少员工负面情绪持续的时间、尽可能降低因负面情绪而产生绩效下降的后果。

10.2　变革管理的内容

财务共享服务中心建设项目的变革管理，是"减震器"，更是"助推器"。根据财务共享服务中心建设各个阶段的特点，变革管理针对利益相关方的相应变革需求，以培训和绩效支持为保障，以组织协同为基础，通过沟通、宣传、各类变革管理活动等方式，降低伴随财务共享的实施所带来的抵触行为和负面影响，促进项目建设达成既定目标。

当项目面临的抵触行为越多，良好的变革管理起到的作用就越加重要。变革管理就是在企业表现出增长缓慢，业务难以维持，且组织内部问题丛生的时候，企业领导者对企业各方面进行调整的过程，以实现健康稳定发展。变革管理的主要内容包括战略变革、组织结构变革、技术变革、流程变革、文化变革五个方面。

10.2.1　战略变革

战略关乎财务共享服务中心一段时间的发展目标和发展重点。财务共享服务中心战略变革的核心是要根据企业所处的环境调整自己的方向，战略调整后，共享中心便可确立新的目标，进而聚集核心资源，在组织结构、业务流程等方面进行顺利变革。

战略变革通常具有颠覆性和前瞻性，因此财务共享服务中心的管理者应该对企业愿景和发展方向进行详细描述，对员工实施鼓励，使其理解并激发动力，这对于战略变革有支持作用。

10.2.2　组织变革

大多数的组织变革是由于其所处的内外环境变化引起的，这些环境包括行业竞争、原材料价格上升、企业业务的调整、新技术的应用、消费者市场的变化等。

在当前快速变化的环境下，原来的矩阵型财务共享服务中心组织结构在信息沟通和决策权力方面越来越不适应，组织结构需要更强的柔性和灵活度，及时应对市场上的变化，能够同时处理多种任务。此外，激烈的市场竞争对于信息的传递也有较高要求，一旦信息传递慢于市场需求，就有可能使企业失去发展机遇，所以近些年来，逐渐形成了扁平化组织、网络化组织、无边界的柔性组织概念，这种组织对市场反应更加灵活。

财务共享服务中心组织的变革就是充分利用组织的优点，根据自己公司的业务和发展需要等情况，搭建高效的组织结构。

10.2.3　技术变革

技术变革的直接动因大多是由于落后，因此变革时通常会关注最新技术的可行性。不过在研究时需要注意尺度：若在变革中没有采用新技术，企业在接下来的竞争中处于劣势，则会后悔莫及；但若不加研究地直接采用新技术，也可能会使产品成本上升，或者新技术不适合企业，反而会为企业增加负担。

因此，财务共享服务中心技术上的变革主要在于分析技术的成熟度和经济效益，最重要的是与自身是否匹配，如此才能最大限度地利用技术的高效益，并且避免新技术带来的风险。

10.2.4　流程变革

流程是在以往制定的战略和组织架构下形成的，当战略和组织架构发生变革时，流程自然也面临着变革。流程的制定和形成需要反复地修改和试验，因此，流程的组织原则至关重要。近些年来，流程变革的呼声越来越高，也从实践层面证明了流程变革的必要性。

传统的财务共享服务中心的组织结构以作业为核心，进而分割成各个部门，造成了部门之间的沟通成本大大增加。而在信息化时代下，一切都是以流程为核心来安排组织架构，流程的高效率才能带来共享中心整体的高效率和高服务质量。

10.2.5　文化变革

文化变革是管理变革的保障，前面介绍的财务共享服务中心组织进行的一系列变革，所依靠的正是文化的变革。只有打破原来的组织文化，使员工的思维得到解放，不再按照以往的习惯来工作，才能保证员工重新寻找自身定位，明确职责，并且促使员工更好地理解变革的意图。此外，新生事物总是会跟以往观念造成冲突，文化层面上的变革，能够克服员工在心理上的惰性，从而推进其他层面的变革得以顺利实施。

10.3　变革管理的模式

面对复杂的内外部环境,要求财务共享服务中心应构建越来越完备的职能体系，而这一职能体系对变革管理的模式提出了新的挑战。过去分散的变革管理模式已经无法适应集团公司快速转型和高质量发展的要求，这使变革的模式开始发生变化。常见的变革管理模式有戴明环模式、企业流程再造模式，以及价值链模式。

10.3.1　戴明环模式

戴明环模式，是 19 世纪 20 年代著名的统计学家休哈特博士首先提出的，由戴明采纳、宣传并普及，并由此得名。戴明环研究的是一个持续改进模型，由四个循环往复的过程组成，分别是计划(plan)、执行(do)、检查(check)、行动(action)，因此又称 PDCA 模式。首先，企业要确定变革的目标和执行计划；其次，按照计划执行；再次，执行完毕后，对照工作结果和变革目标，确定差异和疏漏，分析这些差异的原因，总结经验和教训，并修改执行步骤和注意事项；最后，根据最新的执行计划和注意事项，重新执行，即启动下一轮的 PDCA 循环。PDCA 循环如图 10-1 所示。

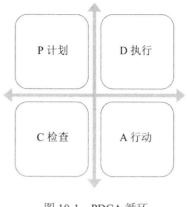

图 10-1　PDCA 循环

10.3.2　企业流程再造模式

企业流程再造 (business process reengineering，BPR)，是 20 世纪 90 年代美国麻省理工学院(MIT)教授迈克尔·哈默和 CSC 管理顾问公司董事长詹姆斯·钱皮在合著的《公司重组——企业革命宣言》一书中提出的。他们认为企业流程再造是"为了飞跃性地改善成本、质量、服务、速度等现代企业的竞争点，必须对工作流程进行根本性的重新思考并彻底改革。"

企业"再造"就是重新设计和安排企业的整个生产、服务和经营过程，使之更有效率。通过对企业原来生产经营过程的各个方面、各个环节进行全面的调查研究和细致分析，对其中不合理、不必要的流程进行彻底改变。

10.3.3　价值链模式

美国著名战略学家迈克尔·波特提出的"价值链分析法"，把企业内外价值增加的活动分为基本活动和支持性活动。其中，基本活动包括企业生产制造、渠道销售、产品售后等；支持性活动包括人力资源、财务控制、企业目标计划、技术研究与产品开发等。这些基本活动和支持性活动共同构成了企业价值增值的基础。然而在实际的企业运营管理中，只有部分流程才创造价值，其余环节和流程并不创造价值，甚至影响价值的创造。因此，这些创造价值的环节是企业的核心优势和战略重点，现在企业的竞争即是这些核心环节上的竞争。

运用价值链模型来分析企业的流程，可以很方便地确定企业的核心竞争力，进而不断地巩固自己的核心竞争优势。

10.4　财务共享变革管理

10.4.1　财务共享变革的原则

1. 以人为本

企业的主体是人，企业管理的主要对象也是人，在管理科学的发展历程中，人的因素一直受到重视。面对信息时代的社会背景，企业变革更应关注人的问题，因为信息的生产和传播及消费都是人来完成的，只有坚持把人放在第一位的管理思想，才能更好地适应信息时代的要求。

在财务共享服务中心信息化建设的过程中，普遍存在的一个问题就是技术与人的矛盾，即公司的技术专家往往按照他们自身对业务流程的理解来建构实施，而管理者却按照自己的风格来运营管理，这便是所谓的技术与人的矛盾。技术专家并不考虑信息如何流动，忽略人们在获取或应用信息的不同渠道的心理反应，而管理人员出于自身利益对新技术持不合作态度，不愿意改变自己长期形成的工作习惯，这些矛盾对变革产生了巨大的隐形阻碍。

因此，在变革中应坚持以人为本的原则，以人与信息的交互规律来管理可以大大减少变革的阻力。企业高层的首要任务是建立一个领导团队，其次是确定核心人员和管理人员的位置，这种做法在变革早期有利于形成一种团结的组织氛围，然后随着变革的深化不断进行调整，非常有利于学习型组织的建立，减少学习成本。此外，要切实关注变革所影响到的企业相关利益者，如供应商、客户、政府关系等，要及时传递公司的最新状态，以便得到各方的支持。

2. 从最高层开始

一般来说，突然的变革会给组织中各级员工造成心理上的影响，从而影响工作效率。此时，高层领导者给予明确的支持和指导就显得非常重要了。

企业管理层要明确一点，作为领导者，他们要确立企业愿景，培养企业文化。变革也应从领导者的号召开始，财务共享服务中心应坚持这一原则，才能在接下来信息时代的变革中走得稳、走得快。在变革管理过程中，领导者必须以身作则，积极响应变革，并统一指导和鼓励员工。

财务共享服务中心的领导者在组织变革过程中应做到以下几点：首先，描绘美好的企业愿景；其次，告知各部门实现这一愿景的可行性；再次，刺激下属的潜力；最后，切实地关爱员工，了解他们的需求。领导层致力于推进变革的流程，表现出必达目标的决心，员工的变革潜力才能被发挥出来。

3. 明确企业文化

企业文化是企业在日常的经营管理实践中形成和确定的，企业员工基本上已经形成了这种文化下的办事方式，甚至思维模式。而变革，就是要打破这种思维模式，所以企业变革期间，旧的企业文化可能会形成一股无形的阻碍作用。因此，财务共享服务中心在变革期间，管理者一定要向员工特别强调传统的标准不再适用，一切按照新的流程、新的观念来执行。

在信息时代，市场环境的变化远远比企业变化更快，企业若是不建立快速反应的机制，是很难跟上市场的脚步的。财务共享服务中心必须处理好快速发展时期与当前信息时代下企业文化的关系，明确其中的差异，营造适合快速变化的氛围。

4. 做好应急预案

企业的变革在计划执行过程中可能会遇到一些问题，不可能一步到位。对于高层管理者来说，企业的外部环境时刻变迁，员工们面对这样的环境一般都不知道如何处理，可能会出现多种可能的结果。经常会遇到这样的情况，变革预案中预计比较顺利实施的部分却遇到很大的阻力。因此，财务共享服务中心高层在制订变革预案前要对变革的结果、员工的态度和企业的适应力进行审慎地评估，尽可能多地收集一手数据信息和建立坚实可靠的决策流程，随时对方案进行调整，保证变革的动力和效果。

10.4.2 财务共享变革的对策

1. 管理思想转变

财务共享服务中心的变革是全方位的变革，而管理思想则明显处于变革的首要地位，只有解放了思想，才能融合新的观念、新的思维。近年来，流程再造、学习型组织、知识经济等思想逐渐地抛开了工业化的概念，更多地考虑了信息化的特征，并且经过十余年的发展得到了市场的检验。

但是，大多数企业对自身当前及今后一段时期的定位认识不清，对信息化在社会各个领域里的影响并未充分估计，一些公司虽然在口号形式上采用了这些管理思想，但真正完全施行的几乎没有。

财务共享服务中心对于管理思想的变革，首要的在于对领导层的认知，没有领导层的坚定变革信念，就无法实现管理思想的变革。在互联网时代，应转变为新思维和柔性思维模式即不仅仅是冰冷的 KPI 考核，更多的要结合人文关怀去促进思想的变革，即使不能完全按照信息时代的思维方式来管理，也要充分理解这些过渡时期的管理思想所体现出的信息时代的观念。

2. 企业战略的转变

企业的战略是关乎企业未来一段时期内发展方向和发展重点的问题，没有明确的发展战略，企业是无法形成自身核心竞争力的。

财务共享服务中心的战略变革是基于当前信息行业发生的革命性变化，以及社会各领域所呈现出来的与工业时代观念所不一样的环境。随着信息化的逐步深入，当前，企业应及时制定面对信息时代的战略。在这种战略变革的前提下，企业才能重新确定长期发展目标，进而推动企业的流程、组织、产品、服务等方面发生实质性的变革。

3. 组织的转变

财务共享服务中心管理思想、战略的变革，势必导致企业组织结构的变革。为了应对消费者对一线员工高服务质量的需求，原有的组织结构将逐渐转变成扁平化结构，一线员工也被赋予更多的权限。企业的管理层逐渐精简，同时加强沟通，扮演保障支撑角色。另外，信息技术创新不仅促进了整个组织内部信息资源的共享，而且成为组织持续生存和发展所必须具备的基础条件。

财务共享服务中心所开发的新业务可以毫无保留地直接采用最新的适合当下环境的组织结构，比如扁平化组织、网络组织和虚拟组织。具体来讲，可以采用整合型组织，即以满足消费者需求为导向，以快速反应为宗旨，遵循企业再造和并行工程的思想，充分利用现代信息技术，构建以业务流程为主干、以职能服务为辅助的具有高度柔性的流程团队，培养高度协作的企业组织。

4. 流程的转变

管理的本质是面向流程的，流程的实质就是工作做法或者工作步骤逻辑。如今企业的激烈竞争更体现为流程的竞争，企业的核心优势也体现在了流程上。信息时代更讲究企业对顾客需求的反应速度，企业流程的效率直接影响到企业的竞争能力。

管理模式的变革创新最主要的是工作流程的再设计，财务共享服务中心的流程变革应借鉴最新的企业再造理论思想，以彻底地响应用户的需求为原则来组织相关流程，按照科学的流程设计，重新组织各个部门，进而确定这个部门在此流程点上的职责和权利，以及服务质量控制。此外，流程变革不仅指具体的企业主营业务的流程，也包括企业一些辅助部门里的具体流程。通过对各个辅助部门，如财务、人力、信息等部门的流程改造，提高这些部门的反应速度，保证及时支持企业主流程的高效运转。

在信息化背景下，信息的传递顺序发生了变化，大部分信息都是通过一线员工直接与客户的互动得到，这些准确的用户需求逐步由基层传到决策层，因此流程中的信息流也要发生相应的变化。企业的信息源在一线，处在流程之上的部门都是一线部门，是公司的核心价值所在，因为一线部门是与市场最先接触的，企业领导层也要下放一些决策权力以保持一线对市场需求的反应速度和服务质量。企业的管理决策部门要逐渐向后勤保障支持的角色转化。

5. 文化的转变

企业文化变革的主要内容是在员工长期以来的集体式思维理念的基础上，培养员工充分发挥个人的热情与智慧。财务共享服务中心文化的变革应该紧贴愿景、使命和价值观，通过多种文化形式融入员工的思想当中，最终形成在组织内的共同行为准则，进而提高个人的主观能动性。

📖 案例　G集团财务共享服务中心变革

G集团是国有大型企业集团，很早便引入了共享服务理念，成立了财务共享服务中心。近年来，随着集团业务的发展以及信息技术的不断更新，原有的共享服务已难以满足企业的需要，因此，G集团着手对其财务共享服务中心进行变革。

G集团将其共享服务定位为：财务管控中心、数据价值中心、人才培养中心。在具体的职能上，财务管控中心负责全集团会计业务处理，包括会计核算、资金支付结算、会计报表编制和财务决算等工作。数据价值中心负责规范全集团的财务数据标准和模型，统筹效益分析和绩效评价，开展数据价值挖掘，提供多维度的分析与预警，为管理决策提供支持。人才培养中心负责招聘人员、培养人员、输出人员，担负着为集团发展培养优秀人才的光荣使命。这些愿景将会使财务共享服务中心在组织架构、管控模式、业务流程、财务人员结构等方面都发生重大变革，具体的变革和对策如下：

(1) 组织架构的变革。财务共享服务中心变革之后，总部财务部负责管控型财务工作，分子公司财务部负责业务财务工作，其他所有账务核算业务全部纳入财务共享服务中心。共享服务中心与企业建立业务合作伙伴关系，通过平等协商签订服务水平协议，明确服务需求，规定双方的权利与义务；共享服务中心依据服务水平协议的规定为企业提供服务，支持企业运营与管理。总结来说，改革后的财务共享服务中心在体制上与区域公司是独立的经营单位。

(2) 管理模式的变革。未来财务共享服务中心的管理模式按规划设计，将采用总分模式，即总中心+分中心的设置方式。总中心负责对各分中心进行统一协调和管理，业务范围涵盖流程优化、考核、内部协调等；分中心负责各经营单位的具体业务运营，业务与管理隶属于共享服务总中心，分中心要为所服务企业进行各种类型的核算服务及财务报表出具等工作。财务共享服务中心逐渐向独立的公司制发展，更好地发挥刚性控制的作用。

(3) 业务流程的变革。集团公司、二级单位(区域公司)、基层单位财务部门保留，主要负责预算管理、风险管理、资金管理、资产管理、资本管理、税务筹划等财务管理工作。各主体权利、责任、利益不变，核算业务处理集中到财务共享服务中心，审批权限、业务审核、资金管理、档案管理等依然归属各主体不变。

(4) 财务人员的变革。作为未来的人才培养中心，所有人员将通过财务共享服务中心统一招聘、统一培养、统一输出。新员工入职后首先要到财务共享服务中心进行培训，通过专业化的岗位分工和轮岗制度也可以更快速、更有效地把人员打造成 精、专、博的复合型人才，然后输送到相关的财务、业务、战略等岗位。

(5) 思想认识的变革。财务共享服务中心人员的发展要实现有价值、有出路、有成长、有传承，能够吸引人、凝聚人。这也是实现国际领先、国内一流财务共享服务中心的重要标志。

10.4.3　财务共享变革的措施

1. 做好项目干系人管理

项目干系人是指积极参与项目、或其利益会受到项目执行或完成情况影响的个人或组织。项目干系人对项目的目的和结果有重要影响，项目管理团队必须识别项目干系人，确定他们的需求和期望，尽最大可能地管理与需求相关的影响，以获得项目的成功。财务共享中心的干系人涉及多个部门和人员，要能够识别项目的干系人，分析其具体利益点、关注的问题或顾虑、潜在影响，得到干系人当前的变革状态及其变化趋势，拟定具体行动计划，从而推动干系人向变革目标迈进，减少变革实施的问题和风险。

2. 做好业务影响分析

做好业务影响分析是指通过对系统、流程、角色、绩效等关键项目进行识别，找到关键变革点，并分析关键变革点的改变将对企业产生的正面或负面的影响，如能力、组织架构、流程、岗位职责、系统等方面，并以此为依据，设计各种应对措施来有效管理这些影响。财务共享服务中心要找到关键业务所产生的影响，例如组织调整、业务流程变化等关键要素，通过积极引导的方式去疏导相关人员接受这些变化，把影响降到最低。

3. 加强沟通管理

加强宣传与沟通管理的目的在于快速建立项目干系人对项目的认知，达成对项目变革的一致理解，使大家能够支持和参与变革。

沟通管理可具体分为主动沟通和被动沟通。主动沟通是以财务共享服务中心为主体，主动发起与客户进行沟通的行为。主动沟通能够让客户产生被服务的感觉，有利于提高客户的满意度。被动沟通是客户主动发起沟通，财务共享服务中心被动应答的方式，这种沟通方式不适合信息的发布，却能够有力地支持客户的业务咨询。

通过沟通渠道的建设，能够有效降低财务共享服务中心和客户的沟通成本，使客户更快接受这种变革，把变革的影响降低。

本章小结

财务共享服务中心变革是企业财务工作的一次重大变革，它不仅涉及理念、观念、业务模式、标准流程再造、体制机制、组织机构人员、管控方式等多个方面，而且对业务的影响也非常重大。因此，要做好财务共享服务中心的变革，管理非常重要。

第 11 章

财务共享服务中心建设

财务共享服务中心建设，包括总体框架和实施方法两项内容。其中，财务共享服务中心建设总体框架是建设的基本步骤；实施方法则规定了项目实施的标准阶段、任务、工作流程、工作内容、角色和责任、交付成功标准等。

财务共享服务中心建设提供从项目开始到项目收尾的全生命周期的管理，旨在规范标准实施步骤、降低标准实施风险、提高标准实施的成功率。

11.1　财务共享服务中心建设总体框架

财务共享服务中心建设总体框架，是指针对企业的目标、所在行业等因素对共享中心总体进行规划和建设。总体框架的内容包含了方案设计、技术平台建设、组建机构、业务迁移、运营支持五个方面，如图 11-1 所示。

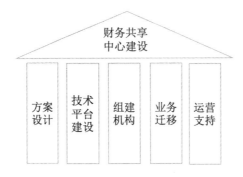

图 11-1　财务共享服务中心建设总体框架

1. 方案设计内容

(1) 共享中心选址设计。

(2) 组织架构设计。

(3) 人员设计。

(4) 流程设计。

(5) 办公场所设计。

(6) 服务管理设计。

(7) 信息技术平台设计。

(8) 设计方案成本效益分析。

2. 技术平台建设内容

(1) 功能需求分析。

(2) 技术平台选型。

(3) 技术平台功能验证。

(4) 技术平台详细设计。

(5) 技术平台配置和客户化开发。

(6) 技术平台测试。

(7) 单元测试。

(8) 开发测试。

(9) 业务集成测试。

(10) 技术平台上线。

(11) 技术平台运维支持。

(12) 企业 ERP、资金管理等系统的相关流程、配置、权限等。

3. 组建机构内容

(1) 进行选址分析，协助确定财务共享服务中心试点阶段地址。

(2) 进行组织架构设计，包括精选国内外共享组织架构模式、不同架构模式对比分析、确定试点阶段选用的组织架构模式等。

(3) 依据选定的试点阶段组织架构模式进行岗位设置，包括岗位名称、岗位职级、岗位职责等。

(4) 进行岗位人员设计，包括人员结构建议、人员数量、人员任职资格、人员招聘计划等。

(5) 进行办公场地设计，协助进行场所装修及整体办公设备布置，包括办公室装修建议、办公室格局设计、办公人员分布建议等。

(6) 进行共享服务中心运营人员培训，包括共享服务理念培训、共享服务运营模式培训、共享服务变革培训、共享服务技术平台应用培训等。

(7) 制定人员迁移方案，包括迁移人员、迁移步骤和计划等。

4. 业务迁移内容

(1) 费用报销业务。

(2) 应付账款业务。

(3) 应收账款业务。

(4) 资金结算业务。

(5) 总账业务。

(6) 资产业务。

(7) 成本业务。

(8) 主数据业务。

(9) 报表业务。

5. 运营支持内容

(1) 技术运维支持。

(2) 业务服务运营管理支持。

(3) 出具上线阶段运营报告。

11.2 财务共享服务中心建设实施方法

财务共享服务中心在确认了建设的总体架构以后，就可以开始具体的实施步骤。其具体的实施方法包含了项目准备阶段、调研和分析阶段、设计阶段、实施阶段、验证和支持阶段。财务共享服务中心建设实施方法，如图11-2所示。

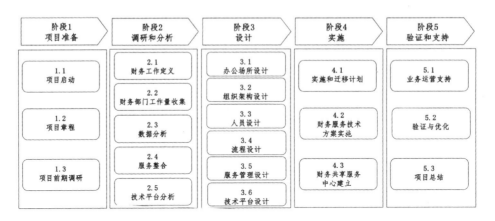

图 11-2 财务共享服务中心建设实施方法

11.2.1 项目准备阶段

1. 项目启动

项目启动阶段的工作目标，是明确试点项目范围和项目组织，正式启动项目。

该阶段的主要工作内容包括：确定项目范围、确定项目组织架构、召开项目启动会、项目启动通告及其他。项目启动阶段的工作内容，如表 11-1 所示。

表 11-1　项目启动阶段的工作内容

工作内容	详细描述	工作目的
确定项目范围	基于项目目标进行分析,选定财务共享服务项目范围,包括实施业务范围、企业范围和数据收集范围等	确定财务共享项目范围
确定项目组织架构	确定总部高层领导下的项目组织架构,根据项目特点,合理配置项目组成员,确定总部、企业和咨询公司职责分工	确定项目组织,责任落实到位
召开项目启动会	组织召开试点项目启动会，高层领导做重要指示，项目组介绍项目总体方案，安排工作计划	统一思想，提高认识，动员相关单位和人员积极参与项目工作，正式启动项目
项目启动通知	下发正式通知，启动项目，明确项目目标，选择业务范围，确定工作原则	正式启动项目

2. 项目章程

项目章程阶段的工作目标，是制定试点项目的项目章程。该阶段的主要工作内容包括：确定目标和范围、确定项目实施方法、制订项目工作计划、制订项目沟通计划。项目章程阶段的工作内容，如表 11-2 所示。

表 11-2　项目章程阶段的工作内容

工作内容	详细描述	工作目的
确定目标和范围	确定项目的目标、范围、指导方针、交付物及项目风险	清晰界定项目的目标和范围
确定项目实施方法	确定项目实施过程中各阶段、各步骤的具体工作,实施的整体路线图	通过确定清晰的项目实施方法，指导项目按步骤推进

(续表)

工作内容	详细描述	工作目的
制订项目工作计划	项目组各方共同确定项目阶段，各阶段的各项工作任务、时间节点，人力资源分配，工作成果	通过项目总体计划，清晰指引项目稳步推进
制订项目沟通计划	建立项目情况定期汇报等沟通机制，定期跟踪项目进度，加强项目组与总部、企业的沟通	及时汇报项目成果、反馈存在问题，加强企业对项目的认知，争取获得高层支持

3. 项目前期调研

项目前期调研阶段的工作目标，是了解企业现状，宣传共享服务理念，加深企业对共享服务的认识。该阶段的主要工作包括：集中调研和讨论、现场调研、问卷调研。项目前期调研阶段的工作内容，如表 11-3 所示。

表 11-3 项目前期调研阶段的工作内容

工作内容	详细描述	工作目的
集中调研和讨论	通过会议的形式，集中总部和试点企业的关键用户，培训共享服务的建设方案，讨论财务工作内容，了解企业实际的财务业务情况	增进试点企业对共享服务的了解，初步掌握企业的实际财务业务情况
现场调研	成立调研小组，分组至试点企业进行现场沟通和调研，宣传共享服务理念，提升企业对共享服务的认识，了解企业的想法和顾虑，深入调研企业的实际业务	更大范围增进试点企业财务和业务部门对共享服务的了解，进一步了解企业的业务现状
问卷调研	通过问卷的形式，更全面地了解企业财务部门的职责、组织、岗位、人员等信息	掌握试点企业财务部门的实际情况

11.2.2　调研和分析阶段

1. 财务工作定义

财务工作定义阶段的工作目标，是梳理现阶段财务部门所有的工作。该阶段的主要工作内容包括：确定财务工作和具体工作内容、确定工作产出和产出单位定义、确定工作对应的客户、确定服务交付形式、确定服务分类等。财务工作定义阶段的工作内容，如表 11-4 所示。

表 11-4　财务工作定义阶段的工作内容

工作内容	详细描述	工作目的
确定财务工作和具体工作内容	对现行所有财务工作进行分析和归纳，梳理出所有的财务工作	明确财务部门所有工作，及具体工作内容
确定工作产出和产出单位定义	确定各项财务工作的产出物和产出的计量单位	明确财务工作成果和可量化工作量统计单位，便于对财务工作进行量化分析
确定工作对应的客户	确认各项财务工作的服务对象(即工作成果的接收方)	作为客户满意度调查的基础，了解客户关注点，为服务水平协议的制定做准备
确定服务交付形式	确定各项财务工作交付地点、频率和交付方式	作为共享服务管理设计的依据之一
确定服务分类	确定各项财务工作的类型，如管控型、经营型、专家型、规模型、现场型	作为判断该项工作是否适合纳入共享服务的依据之一

2. 财务工作量收集

财务工作量收集阶段的工作目标，是了解试点单位财务业务的工作量和分布。该阶段的主要工作内容包括：收集财务人员基本情况、收集财务工作量、进行员工职位活动问卷调查、出具分析报告。财务工作量收集阶段的工作内容，如表 11-5 所示。

表 11-5　财务工作量收集阶段的工作内容

工作内容	详细描述	工作目的
收集财务人员基本情况	收集汇总试点单位财务部门人员信息，包括人员代码、职位、邮件地址	为员工职位活动问卷调查收集基础数据
收集财务工作量	讨论确定财务工作量统计指标和统计方法，收集试点单位各项财务工作的工作量	为工作效率分析、单位工作成本分析提供基础数据
进行员工职位活动问卷调查	试点单位全部财务工作人员参与活动问卷调查，收集财务人员在各项工作中花费的工作时间	为财务工作基线成本报告和共享服务设计提供基础数据
出具分析报告	结合调查问卷分析结果、财务成本和工作量数据，分析各试点单位每项财务工作的详细成本和人员工作情况	为成本效益分析、选址分析，共享服务组织和人员等设计提供依据

3. 数据分析

数据分析阶段的工作目标，是分析财务共享服务试点绩效指标及改进机会。该阶段的主要工作内容包括：数据分析技术和方法、改进机会分析、发现及结论。数据分析阶段的工作内容，如表 11-6 所示。

表 11-6　数据分析阶段的工作内容

工作内容	详细描述	工作目的
数据分析技术和方法	明确数据分析目标，讨论数据分析技术和方法；结合调研数据结果，利用数据分析技术进行数据分析，按财务工作的内容、企业、城市、薪资等级等维度进行工作量和工作成本分析	确定数据分析技术和方法，为数据分析提供依据

(续表)

工作内容	详细描述	工作目的
改进机会分析	与国际行业最佳实践对标，比较不同试点企业、不同地区、不同财务业务背景试点企业的财务工作结果，分析异常原因，发现改善机会	分析企业财务工作最佳实践绩效衡量指标，完成数据分析并发现改善机会
发现及结论	整合全部数据和改进机会分析结果，寻求每一项财务工作的提高方向和建设目标	从业务和人事角度分析财务工作成本与绩效提高的可能性

4. 服务整合

服务整合阶段的工作目标，是对相同属性的财务工作按既定模式进行整合，形成业务分组依据。该阶段的主要工作内容包括：确定服务整合模式、分析和整合财务工作、推算执行人员基础数据、再次进行服务整合。服务整合阶段的工作内容，如表 11-7 所示。

表 11-7　服务整合阶段的工作内容

工作内容	详细描述	工作目的
确定服务整合模式	根据业务和人员技能特点，分析并选择服务整合模式(流程型、技能型、客户导向型等)	确定符合实际的服务整合模式
分析和整合财务工作	根据选定的服务整合模式，结合各项财务工作的属性、各岗位要求具备的专业技术能力，分析现有的财务工作，进行整合分组	为财务共享服务的流程设计、组织设计提供依据
推算执行人员基础数据	结合上一步骤中财务工作分类和调研的企业财务工作对应人员数量，推算出未来财务共享服务中心执行人员数量	为财务共享服务的人员设计提供依据
再次进行服务整合	根据人员数量多少适当进行服务整合，进行拆分合并，达到更加贴近实际情况的目的	为财务共享服务的流程设计、组织设计、人员设计提供依据

5. 技术平台分析

技术平台分析阶段的工作目标，是分析共享服务中心技术平台需求及定位。该阶段的主要的工作内容包括：技术平台需求分析、技术平台功能论证。技术平台分析阶段的工作内容，如表 11-8 所示。

表 11-8　技术平台分析阶段的工作内容

工作内容	详细描述	工作目的
技术平台需求分析	对适合纳入共享服务的财务工作组合对应使用的全部信息处理系统，按 ERP 和非 ERP 系统进行归纳统计，根据初步业务流程分析系统的通用性、系统功能优化的可能性和服务器整合的可行性，对业务需求、系统应用情况、数据集成程度、流程实现方式和自动化水平等需求情况进行汇总分析	了解业务层面对共享服务中心技术平台的功能需求，为共享服务技术平台选型和设计提供需求分析依据
技术平台功能论证	结合未来财务共享服务中心所有职能范围的业务需求，设计能够实现多功能、多系统的信息交互体系，具备业务处理和服务管理功能的共享服务平台框架。平台开发周期与未来共享服务 ERP 系统的集成性是考虑的重点	为建设用以支撑共享服务中心与企业之间业务交付、人员互动和系统衔接，同时通过财务共享服务的业务考核和服务质量管理的技术平台进行功能论证

11.2.3　设计阶段

1. 办公场所设计

办公场所设计阶段的工作目标，是选择适合现状和未来发展需要的财务共享服务中心所在城市和办公场所。该阶段的主要工作内容包括：确定选址规则、试点选址分析、确定办公场所。办公场所设计阶段的工作内容，如表 11-9 所示。

表 11-9　办公场所设计阶段的工作内容

工作内容	详细描述	工作目的
确定选址规则	以人员、业务、技术、效益、战略为导向，设计一套选址标准，明确每个标准的权重，设置每个标准的评分依据	确定选址分析的基准和规则
试点选址分析	根据既定的选址规则和评分标准，对备选城市进行调研分析，为每一个城市进行评分，分析出适合的城市	确定选址分析的基准和规则
确定办公场所	对选址城市办公场所进行分析，结合共享服务的人员设计情况，确定能够满足公司战略需求、企业业务需求、员工生活和发展需求的共享服务中心办公地址	确定适合现状和未来发展需要的办公场所

2. 组织架构设计

组织架构设计阶段的工作目标，是确定试点阶段财务共享服务中心组织架构。该阶段的主要工作内容包括：确定组织架构策略、管控架构设计、组织架构设计。组织架构设计阶段的工作内容，如表 11-10 所示。

表 11-10　组织架构设计阶段的工作内容

工作内容	详细描述	工作目的
确定组织架构策略	结合国际领先、国内一流的财务共享服务组织设计类型和案例分析，以战略规划为导向，结合实际情况，选择共享服务不同发展阶段的组织设计类型	确定财务共享服务组织设计的策略
管控架构设计	结合国际经验，设计财务共享服务中心管控架构，明确客户指导委员会、财务职能管理委员会、共享服务中心管理团队的人员组成和管控职责	确定财务共享服务中心的管控架构
组织架构设计	借鉴国际财务共享服务组织设计经验，根据既定的组织构建策略，结合实际情况，设计未来和试点阶段的组织架构，确定服务分组	确定试点阶段的组织架构及运营模式

3. 人员设计

人员设计阶段的工作目标，是确定财务共享服务中心试点人员的配备需求。该阶段的主要工作内容包括：岗位职责设计、人员数量需求设计、人员素质需求建议。人员设计阶段的工作内容，如表 11-11 所示。

表 11-11　人员设计阶段的工作内容

工作内容	详细描述	工作目的
岗位职责设计	在组织架构和服务分组的基础上,确定财务共享服务中心的各岗位职责和分工	确定岗位职责
人员数量需求设计	根据职位活动调查工作量分析结果,结合岗位职责和分工推算财务共享服务中心各部门的人员需求	确定人员需求,便于人员安排
人员素质需求建议	结合岗位职责分工,提出各岗位所需的人员的工作经验、技能水平等素质需求	为招聘和甄选人员奠定基础

4. 流程设计

流程设计阶段的工作目标，是确定财务共享服务中心试点操作流程。该阶段的主要工作内容包括：确定共享中心职责分工原则、基于标准化流程拆分单元流程、按业务线条梳理交互流程、结合信息系统细化流程设计。流程设计阶段的工作内容，如表 11-12 所示。

表 11-12　流程设计阶段的工作内容

工作内容	详细描述	工作目的
确定共享中心职责分工原则	确定共享服务中心与企业职责分工的大原则,清晰界定双方的责任	确定流程设计的原则和基础
基于标准化流程拆分单元流程	以会计核算标准化项目工作成果为基础进行分解,形成完全覆盖会计标准化流程的单元流程清单,保证每个单元流程均以端到端的方式展现	为共享服务流程详细设计奠定基础

(续表)

工作内容	详细描述	工作目的
按业务线条梳理交互流程	根据职责分工原则，在单元流程基础上，切分共享服务与企业财务的职责界面，设计各流程中财务共享服务中心与企业财务的交互节点	为共享服务流程的详细设计奠定基础
结合信息系统细化流程设计	以单位流程为基础，结合信息系统，分别设计共享服务发起、执行、交付确认的完整操作流程，梳理流程详细步骤，细化步骤操作内容及规范	为信息系统设计奠定基础

5. 服务管理设计

服务管理设计阶段的工作目标，是确定财务共享服务中心试点服务管理规范。该阶段的具体工作内容包括：制定服务管理框架、制定服务水平协议、确定关键考核指标体系。服务管理设计阶段的工作内容，如表 11-13 所示。

表 11-13　服务管理设计阶段的工作内容

工作内容	详细描述	工作目的
制定服务管理框架	以客户需求为驱动、质量为导向，收集当前客户关注的信息和绩效数据，选择共享服务中心的服务管理框架，制定共享服务中心的运营管理决策指导原则	确定共享服务的管理方式
制定服务水平协议	参照国际共享服务行业最佳实践指标，讨论确定共享服务对应业务的绩效衡量技术参数、可接受及不可接受的服务级别、共享服务中心与企业、最终用户的责任，以及在特定情况下需要采取的行动，最终形成服务水平协议	规范共享中心服务标准
确定关键考核指标体系	对从事具体业务运营操作的财务人员和运营管理人员的工作特点和绩效考核重点进行分析，结合试点企业的满意度调查结果，以人文关怀和职业发展为导向，制定共享服务关键考核指标体系	规范共享中心的服务绩效考核

6. 技术平台设计

技术平台设计阶段的工作目标，是结合人员、流程、组织架构等设计方案完成共享服务平台设计。该阶段的主要工作内容包括：确定共享服务技术平台、功能详细设计、集成详细设计、基础设施详细设计。技术平台设计阶段的工作内容，如表 11-14 所示。

表 11-14　技术平台设计阶段的工作内容

工作内容	详细描述	工作目的
确定共享服务技术平台	根据技术平台分析阶段形成的功能需求，从功能满足度、技术要求满足度，以及投资等方面分析比较多家厂商共享服务技术平台产品	确定共享服务技术平台软件
功能详细设计	基于共享服务技术平台软件选型结果，结合人员、流程、组织架构等完成技术平台功能详细设计	详细描述功能
集成详细设计	依据流程设计整理技术平台软件涉及的集成接口需求，并设计详细集成方案	确定集成需求和集成方案
基础设施详细设计	依据共享服务业务量、用户访问量等信息确定共享服务技术平台涉及的硬件配置，并设计硬件基础设施架构	确定硬件配置

11.2.4　实施阶段

1. 实施和迁移计划

实施和迁移计划阶段的工作目标，是确定详细的实施和业务迁移计划。该阶段的主要工作内容包括：确定实施方案、制订迁移计划、制订实施沟通计划、制订变革管理计划。实施和迁移计划阶段的工作内容，如表 11-15 所示。

表 11-15　实施和迁移计划阶段的工作内容

工作内容	详细描述	工作目的
确定实施方案	根据流程分析结果、试点企业财务共享服务的业务范围和流程设计及分析结果，确定具体共享服务实施方案和详细步骤	制定工作方案，确保项目成功实施
制订迁移计划	制订各试点企业各项业务的迁移计划，包括业务迁移顺序、时间节点、人员安排、工作步骤等，尽量减少对正常业务的影响	确保业务和人员平稳迁移至共享服务中心
制订实施沟通计划	制定沟通策略，准备详细的沟通计划，在实施阶段推动试点企业领导和人员对共享服务的全面了解，了解管理模式和业务流程的变化	提高共享服务的认知度，推动实施，减少阻力
制订变革管理计划	进行变革评估，分析共享服务中心的建立对企业管理和运营方式产生的变革影响和风险，并制订应对计划	减小共享服务风险

2. 服务技术方案实施

服务技术方案实施阶段的工作目标，是结合人员、流程、组织架构等设计方案完成财务共享服务平台设计。该阶段的主要工作内容包括：共享服务平台功能开发及测试、共享服务平台集成开发及测试、共享服务平台财务相关系统调整与测试、共享服务平台集成测试、共享服务平台压力测试、平台部署交付。服务技术方案实施阶段的工作内容，如表 11-16 所示。

表 11-16　服务技术方案实施阶段的工作内容

工作内容	详细描述	工作目的
共享服务平台功能开发及测试	根据纳入财务共享服务的职能范围和工作流程，结合试点企业现有财务系统相关功能和配置的分析结果，对共享服务平台进行系统功能配置	准备共享服务平台测试运行环境

工作内容	详细描述	工作目的
共享服务平台集成开发及测试	依据集成详细设计说明书，进行相关系统集成接口开发及测试	集成开发及集成测试准备
共享服务平台财务相关系统调整与测试	针对财务共享后财务人员工作分工的变化，新建用户ID、分配权限；根据流程的变化，对 ERP、会计集中核算、资金集中等相关财务系统进行相应的后台配置调整，并进行系统功能调整开发与测试	财务相关系统集成开发测试准备
共享服务平台集成测试	根据财务共享服务平台集成测试场景清单及关键用户配备情况，总部、共享服务中心、企业联合进行共享服务平台集成测试	共享服务平台上线前的测试准备
共享服务平台压力测试	项目组提供共享服务平台测试大纲，进行系统压力测试及调优	保证系统上线后能够稳定高效运行
平台部署交付	共享服务平台集成测试成功后，可进行平台交付工作	共享服务平台交付

3. 财务共享服务中心建立

财务共享服务中心建立阶段的工作目标，是建立共享服务中心，完成业务迁移。该阶段的主要工作内容包括组建实施组、准备办公场所、落实人员配置、组织上线培训、进行业务迁移。财务共享服务中心建立阶段的工作内容，如表 11-17 所示。

表 11-17　财务共享服务中心建立阶段的工作内容

工作内容	详细描述	工作目的
组建实施组	根据财务共享服务业务进行分类，确定实施组，包括咨询顾问、业务专家、共享服务中心对应业务负责人、单位对应业务负责人	配备实施人力资源

(续表)

工作内容	详细描述	工作目的
准备办公场所	根据共享服务中心人员配备和办公环境安排情况，准备办公场地及各种办公配套设施	提供良好的办公环境
落实人员配备	财务共享服务中心机构设置确定后，安排内部竞聘，确定岗位人员配备计划，安排办理人事迁移手续	确定共享服务中心人员
组织上线培训	对财务共享服务中心和相关岗位人员分层级、分批次进行针对性培训和考评，包括共享服务流程、服务管理流程、信息系统操作技能等，确保相关人员掌握运行模式和具体工作步骤	确保业务迁移后，各岗位人员能够顺利开展工作
进行业务迁移	按照迁移计划，实施组织分批、分企业完成业务流程平稳迁移和人员顺利过渡，开始财务共享服务运营历程	确保流程迁移成功，业务正常开展

11.2.5　验证和支持阶段

验证和支持阶段的目标，是结合人员、流程、组织架构等设计方案完成共享服务平台设计。该阶段的主要工作内容包括：业务运营支持、验证和优化、项目总结。验证和支持阶段的工作内容，如表 11-18 所示。

表 11-18　验证和支持阶段的工作内容

工作内容	详细描述	工作目的
业务运营支持	实施组为财务共享服务中心提供业务和系统方面的现场支持，解决问题，保证业务顺利正常运转	确保业务能够顺利开展
验证和优化	在共享中心试运行的过程中，验证组织、人员、流程、系统设计等成果，优化调整不足，提高运行效率	促使共享中心短期进入平稳运行
项目总结	移交项目文档，完成知识转移，基于共享服务试点项目的总体方案和建设成果进行分析总结	总结经验，助力共享服务的推广

本章小结

    财务共享服务中心的建设，需要结合行业和企业的特点综合提炼并不断迭代优化，总结适合企业自身的实施方法。在具体设计时，需考虑管理、业务、流程、系统、技术等方面，并结合环境和技术的最新发展不断更新。

第 12 章

财务共享服务中心未来发展

如今，科技的迅猛发展，为财务共享服务中心的建设和应用提供了新的思路。财务共享服务中心的未来发展，是基于思维模式转变和新技术革新应用两个方面。其中，思维模式的转变是财务共享服务升级转型的前提；而新技术革新则贯穿财务共享服务中心的发展历程，并且从未止步。

未来，移动互联、商旅平台、云计算、大数据等新技术将推动财务共享服务实现更进一步的发展和升级。

12.1 财务共享服务中心新思维

在传统财务共享服务中心建设的过程中，成本效率领先的思想根深蒂固。在这种导向下，员工容易步入"低士气"的陷阱中。由于长期面对大量高强度、重复性的工作，严苛的效率和质量指标容易使员工逐渐丧失对工作的热情和主动性。

因此，思维模式的转变是财务共享服务中心适应变革趋势，提升组织效率，推动自身不断升级转型的前提。

12.1.1 新科学管理思维

新科学管理思维，是强调将"客体至上的效率哲学体系""主体至上的行为哲学体系"，以及"主客体统一的系统哲学体系"相融合的管理思想。该思维强调在提升效率、质量，降低成本的同时，关注对积极性和自觉性的调动。

财务共享服务中心的管理者应当具备新科学管理思维，将对员工的关怀、培养、职业发展及激励，提升至与效率、质量、成本并重的高度。激发员工的工作激情，从而实现基于员工主观能动性的高绩效结果。目前，跨国公司在中国境内建立的财务共享服务中心，更善于应用这种新科学管理思维。

12.1.2 刚柔并济的运营思维

传统的财务共享服务运营模式是典型的以制度为中介，对人的行为和组织目标进行约束匹配，这种运营模式是一种刚性思维。刚性的运营模式需要有稳定、统一及可以预测的业务需求；同时，以规模经济为基础，进行同类业务的大批量作业，强调统一性和标准化，完成后还要进行质量测试。在这种运营模式下，财务共享服务中心的管理是尽量减少工作差异，员工只需要完成单一作业。虽然刚性运营能够带来规模、效率下的成本优势。但在实践中，财务共享服务中心的灵活性，以及应对多样和复杂业务场景的反应能力都不高，特别是近年来随着科技和经济的飞速发展，财务共享服务中心应对的问题更加多变，越来越多的管理者意识到提升财务共享服务中心的应变能力是现在必须面对的问题。

在日益提升的财务共享服务管理要求下，柔性运营思维应运而生。在柔性运营模式下，需求可以具有不确定性、多样化，以及不可预测性。在运营过程中，柔性运营以范围经济为基础，增加差异性的自动化处理，进行大批量多样化作业。质量控制方式从事后检查向前期过程中的质量环境建设和质量控制转变。对于员工来说，工作需要从原来的一专一能，转变为一专多能，当业务需求发生变化时，能够灵活地进行资源调配。

财务共享服务中心的刚性是与生俱来、不可或缺的，这是其安身立命之本；而柔性运营的思维也是解决如今日益多样化服务需求的保障。直观地说，刚性思维模式是一套直线式的生产线，而柔性思维模式则是将这条直线上的差异件进行分流处理，通过刚柔并济的组织形式、技术手段和流程再造，为企业的共享财务服务中心带来运营上的多种可能。

12.1.3　互联网思维

近年来，随着移动互联网的兴起，创新商业模式层出不穷，在此基础上逐渐诞生了一套新的思维体系，即互联网思维。

财务共享服务中心很早就开始利用互联网为客户提供服务，展开企业间的合作。大部分财务共享服务中心采用的是人员物理集中的运营模式，在这种情况下，拓展信息的异地交互对服务中心业务及企业的生产经营活动有着很重要的意义。特别是在如今激烈的市场竞争中，快速的反应能力是企业取得优势的关键性因素，这就要求财务共享服务中心必须做出迅速的反应，改变以往财务单据邮寄的处理模式，依托互联网建立网络报账、影像系统等技术手段，实现以互联网技术为支撑的财务共享服务中心。

如今，企业的互联网思维已不局限于依托互联网技术展开财务共享服务的运营，而是指互联网时代的一些新的思维模式。其中，用户思维、社会化思维、平台化思维是现在财务共享服务中心在管理中经常应用的。

1. 用户思维

用户思维在互联网中体现的是长尾效应、参与感，以及对客户体验的持续追求。财务共享服务中心首先需要树立的是以客户为中心的思想，并将这种思想从财务领导向业务领导、业务部门员工、公司终极客户进行有层次的拓展。同时，邀请客户参与到企业日常的流程、服务及质量改善活动中，依托客户的参与提升财务共享服务在组织中的价值，并最终更好地改进运营方式，提高服务质量。

2. 社会化思维

社会化思维在互联网中体现的是社会化媒体的广泛应用及众包等概念。社会化媒体如微信等工具的出现使得财务共享服务中心与员工、客户之间的交互更为便利和友好，很大程度上能提升了客户的满意度。众包的出现，使得财务共享服务从物理集中到逻辑集中成为可能，员工未必一定要在现场工作，就可以为客户提供满意的服务。此外，具有广泛数量的中国财会群体能够以众包的形式参与到财务共享服务的运营中来。

3. 平台化思维

平台化思维在互联网的技术层面体现的是技术资源的整合，是供需双方的桥梁。财务共享服务应当构建技术平台，实现业务和财务之间的对接、企业和供应商之间的对接、企业和银行之间的对接，将财务共享服务中心打造成联通各方的核心平台。另外，平台化思维也体现为员工的个人平台化，建立"人人都是CEO"的观点，从而调动员工的积极性。

12.1.4 架构思维

架构通常是指一个主体的构成组件、组件的性质、性质之间的关系。因此，它常常被用于描述一项事物，如组织架构、软件架构。

对于财务共享服务中心的管理者来说，系统架构是非常重要的部分。架构是有层次的，管理者应当具备相应的架构思维和架构能力，从一定的高度去审视财务共享服务中心的运营与发展，在不同层次中应用架构思维对财务共享服务中心的建立和后续运营进行管理，这具有非常重要的意义。

在财务共享服务中心全局层次中，管理者应关注整个财务共享服务中心运营的业务架构，包括战略、组织、人员、业务流程、运营管理、信息系统等多方面。

12.2　智能机器人

12.2.1　流程自动化机器人

流程自动化机器人(RPA)又称为数字化劳动力。它是一种智能化软件，是以机器人通过记录员工在电脑桌面上的操作行为，将规则和方法记录下来，然后模拟人的处理方式自动执行一系列特定的工作流程。

除了模拟员工的服务行为以外，流程自动化机器人还可以利用和融合现有各项技术，如规则引擎、光学字符识别、语音识别、机器学习，以及人工智能等前沿技术来实财务共享服务中心流程自动化的目标，且可以应用于任何行业的任何场景。

流程自动化机器人具有对企业现有系统影响小，无须嵌入其他系统，基本不编码，实施周期短，且对非技术型的业务人员友好等特性。与一般软件或程序的区别在于，流程自动化机器人可以定义 AI、机器学习等认知技术在业务自动化中的灵活使用，可实现重复性工作及高度智能处理的自动化；而普通程序，是被动地由业务人员操作。

11.2.2　财务机器人

财务机器人是一款能够将手工工作自动化的机器人软件。机器人的作用是代替人工在用户界面完成高重复、标准化、规则明确、大批量的日常事务操作。财务机器人可替代人工完成很多烦琐的工作，能够极大地提高工作的效率，减少重复劳动，使财务人员将更多的精力放在提高管理水平和创造价值上。

常见的财务机器人包括以下几类：

1. 资金对账机器人

资金对账机器人可自动执行对账任务，完成所负责账户的自动对账及定期生成余额调节表，并以邮件方式反馈对账结果。通过资金对账机器人可对接不同银行账户、收款类型的对账规则，实现银企对账工作，并提供对账单记录自动下载，并按要求整理成导入格式，自动导入对账单。

2. 报表订阅机器人

财务人员为业务部门提供数据服务，定期查询报表数据，整理后分发各部门(如每月快报数据/预算执行情况)。由于部门与报表数据的类型多、技术含量低，又属于周期性的重复操作，因此必然会耗费财务人员的精力。

报表订阅机器人可以根据各业务部门的需求定制报表，再由机器人执行数据输出、加工等，最后分发给各业务部门，完全取代了人工每个月要计算报表及分发的工作，将财务人员从重复的工作中解脱出来。

3. 税费计提机器人

每个月末，企业的税务人员要计提各税费项目，如增值税、城建税及教育费附加等，完成计提后，还要进入税务系统完成税费计提单并进行传递，最后由总账财务完成制证。这样的处理耗时耗力，且效率低下，周期性的重复操作且工作时效性要求高，收集数据需大量人工，并且容易出现计算错误或遗漏问题。

税费计提机器人可解决以上这些问题，根据预设的税费项目的取数规则，查询科目汇总表，获取计提基数，计算税额，完成税费计提表；根据完成的税费计提单进入系统，完成税费计提单的发起、传递、审批；根据系统中计提单生成的凭证，完成凭证的传递。

4. 凭证归档打印机器人

由于 ERP 凭证、财务系统凭证、电子回单、原始附件之间无直接关联，都由人工线下进行各系统单独打印，再一一对应整理并装订，重复烦琐，费时费力，差错较大，降低了财务人员的工作效率，同时影响了档案管理的进度与相关制度要求。

凭证归档打印机器人，可自动登录各系统，核对后按装订要求、按顺序进行凭证和单据的打印，从而实现凭证打印后无须人工再次进行核对匹配整理的工作，直接按号装订即可。

5. 发票交收机器人

通过发票交收机器人，可自动完成发票的交收工作，有效解决实物交收过程中收票人不在、排队等待、票据校验、业务数据核对，以及交收凭据和票据遗失等问题。

6. 自助报账终端

自助报账终端，即企业级实物数字化智能终端，它涵盖票据交收、票据自动查验、业务智能衔接、实物及进度跟踪等功能，全局覆盖企业各类票、证、单的交收管理，满足跨部门协同、跨系统衔接的票据全生命周期管理。

11.2.3　智能客服机器人

智能客服系统，旨在建设一个集实时与流程于一体的在线交流平台，将呼叫中心、系统工单处理功能、人工座席服务功能、机器人服务功能、服务转接功能、服务知识库功能、客户信息资料处理等紧密联系起来。

智能客服机器人通过采集呼叫中心、在线工单、在线客服、邮件服务所记录的资料，可以分门别类地进行统计并形成报表。意见处理完毕，可由客服人员主动联系用户，告知处理意见，形成闭环处理流程，从而打造全新的客户服务形象。服务人员可以和客户更加方便、快捷、直接地沟通，发掘更多的潜在客户，捕捉转瞬即逝的商机，降低运行成本，提高工作效率，获得用户的咨询与反馈信息，提升客户满意度，成为在线咨询、在线营销、在线客服的有力工具。

12.3　移动互联

12.3.1　移动互联概述

对于财务共享服务来说，移动互联网的应用其实并不新奇，早在 2G 时代，一些企业就试图通过手机短信或 WAP 访问的方式进行简单的移动审批，不过所能够交互的信息非常有限。随着网络条件的不断改善，基于 App 方式的在线审批日趋流行，信息内容日益丰富。

随着数据管理职能更大程度地纳入财务共享服务中心，基于移动终端的数据发布成为改善用户体验的重要形式。实时性、形象化能够在移动智能终端得到完美体现。随着 App 的普及，在一个移动应用中集成较多的财务共享服务功能成为趋势。移动审批能够对单据影像实现实时调阅，通过移动终端进行数据报表的展示，也是财务共享服务应用的一种形式。一些企业甚至将员工商旅的申请、机票酒店预订、事后报销的整个流程集成到移动应用中，员工能够通过移动终端拍照的方式发起报销申请，并依托员工信用机制进行事后的抽样审核，大大提升了一线业务人员的报销时效和满意度。

12.3.2　移动互联的功能

1. 移动审批

移动审批将费控系统中的审批环节迁移到移动端，使得业务领导的审批不再受到地域的限制。而移动端的迁移可以通过两种方式，其一是建立独立的 App 应用，将信息相对简化地进行移动展示；其次是通过移动设备的浏览器直接进行费控系统审批界面的访问，后者能够获取更多信息，但展示效率较低。

2. 移动决策支持

移动决策支持通过移动应用，将展示频率需求较高的报表及指标进行展示。移动决策支持的用户以各级业务部门管理者为主，通过图形化、KPI 的方式能够更加形象地展示运行成果，通过追溯的方式实现对各项业务执行情况的查询。

3. 移动商旅及报账

移动商旅及报账将移动应用与企业商旅系统、费控系统集成，实现从移动端进行机票和酒店的事前申请、审批、商旅执行管理，以及事后通过移动客户端进行表单填写、原始票据拍照采集等报账处理。结合信用管理，实现移动商旅及报账，能够进一步加快报账速度，提升员工满意度。

4. 移动运营管理

移动运营管理将财务共享服务中心的内部运营管理向移动端进行移植，员工能够通过移动端查看自身的绩效情况，进行考勤、请假、任务调整申请等处理，以及移动端在线培训、学习，从而构建一套基于各种移动互联应用场景下的财务共享服务运营管理体系。

5. 移动客户服务

财务共享服务中心所服务的各类客户已经进入移动化时代，在这种背景下，财务共享服务中心建立移动渠道的客户服务方式无可避免。鉴于微信应用的高度普及化，财务共享服务中心可以选择建立企业号、服务号及订阅号，面向公司内外部客户提供移动渠道的服务支持。

12.4　商旅平台

12.4.1　商旅平台概述

商旅平台是指通过互联网化的改造，整合线上线下资源与数据，为企业领导与员工提供集出行、预订、报销为一体的全流程服务，从出差申请、差旅形成确认、报销记账到商旅管理，形成完整的闭环。

12.4.2　商旅平台功能

1. 出差申请

商旅平台可实现跨部门多人同行，一人全部审批，多成本中心自动分摊，审批流实时、完整显示。平台还能够区分不同出差类别，定向生成对应报销单并关联成本中心，企业员工可申请出差关联费用项目，简单方便。

2. 差旅行程确认

差旅行程确认功能，可帮助企业商旅人员在线查询航班、火车班次，查询余票并预定；提供查询酒店和预定功能，还可进行点评分享。此外，还提供 App 叫车服务，并且可对历史行程进行查询。

3. 报销记账

报销记账功能，实现了多种差旅场景的预设记账模板，可自动计算生成出差补助；可对多次出差一次生成的报销单进行报销，票据拍照可通过 OCR 功能识别，批量一键推送报销，推单自动关联出差申请单，避免二次审批；出差申请完整信息和审批流转可在报销单查看、打印。

4. 商旅管理

商旅管理功能，可在线实时查看管理员工费用确认情况，进行账单智能比对，自动识别异常订单。实现个人、部门、单位多维度组合差旅数据分析和超标情况专项分析报告，为个人差旅规划、企业差规制定、费用管理提供决策支持。

12.5 云计算

12.5.1 云计算概述

云计算，是一种基于互联网的计算方式，并且与企业有着密切关系的信息化技术，它可以将共享的软硬件资源和信息按需提供给计算机和其他设备，对于企业财务管理的优化有着非常重要的作用，并且也推动着财务共享服务的革新，提升财务共享服务的数据运算力。

云计算功能强大，主要包含后台硬件的云集群、软件的云服务、人员的云共享等不同形态。

硬件方面，云计算通过充分共享网络硬件资源，利用私有云有效降低了财务共享服务系统的 IT 投入。此外，通过云存储，也可降低因为采用影像技术所带来的财务共享服务中心的存储成本。

软件方面，云计算能够免除企业的软件开发和投入。由软件厂商通过软件即服务模式部署的应用能够降低成本，供企业租用，降低企业的总体成本投入。

人员的云共享是一种特殊形态的云计算，财务共享服务中心自身可以理解为服务端，为大量的客户端提供云端服务。当这种服务从企业步入社会化，掌握了优质信息系统和线上线下网络资源的企业将从云服务中获益，获取大量的服务外包收益。

12.5.2　云计算的功能

1. 降低财务共享服务 IT 运营成本

在一份针对美国和英国 1300 家企业的调查报告中，有 66% 的受访者认为云计算降低了 IT 成本。作为财务数据和财务影像集中管理者的财务共享服务中心，若应用云计算这一强大的功能，对 IT 运营成本的控制或降低会有重要的意义。如今已有部分企业集团通过云计算模式，向财务共享服务中心作业团队配置虚拟客户端，以减少前台的 IT 设备投入，并同时实现了维护的标准化和简单化。

2. 使中小企业财务共享服务成为可能

云计算模式的财务软件应用能够大幅降低中小企业的财务信息化成本。目前，国内的财务共享服务项目的实现还是一件相对昂贵的事情，仅在 IT 方面，购置软件、进行产品实施、购置硬件设备、部署网络环境等花费对很多企业来说是一笔不小的投入，正因如此，使得很多中小企业在考虑是否采用财务共享服务模式的时候有所顾虑。而云计算利用软件即服务(Software-as-a-Service，SaaS)模式，即由服务商通过服务端面向企业财务共享服务中心提供在线的云系统支持，使得企业通过租用的方式，以较小的代价实现财务共享服务的系统支持，这使得中小企业财务共享服务成为可能。

3. 推动财务共享服务商业化进程

财务共享服务的商业化以及价值体现，是国内财务共享服务中心对自身未来技术提升的重要诉求方向。但在实践中，能够成功将这一目标落实的企业并不多见，其中的原因是多方面的，缺少能够支持财务共享服务发包方和接包方二者进行有效交互的信息系统是重要原因之一，所以建立成熟的财务共享商业平台是推动商业化进程的基础。

4. 实现平台匹配

云计算寄希望在由第三方提供商业化服务的平台上匹配接包方和发包方，并实现系统的交互支持。在这种模式下，发包企业能够自主选择一个或多个供应商为自身提供服务，而接包方则能够依托平台，向多个企业客户提供财务服务。这也是互联网思维中平台思维在财务共享服务领域的应用。

以上模式的实现，将有可能大幅推动财务共享服务领域的商业化进程。

12.6　大数据

12.6.1　大数据概述

大数据是指无法在一定时间范围内用常规软件工具进行捕捉、管理和处理的数据集合，是需要新处理模式才能具有更强的决策力、洞察发现力和流程优化能力的海量、高增长率和多样化的信息资产。

12.6.2　大数据功能

1. 商业业务支撑与决策优化

在财务共享服务流程中，通过分析客户付款行为，评估客户信用等级，洞察客户信用风险，预测信用额度策略来支撑销售业务的决策优化，从而为企业获取更多的商业信息，创造商业价值。在这种模式下，财务共享服务中心将从原先的费用中心、报账中心、结算中心衍生出数据中心的职能。

2. 应用数据模型进行预测

企业中大量的数据汇集让财务共享中心承担起数据管理职能，同时财务共享服务中心自身运营管理的专业化弥补了传统财务部门在数据处理专业化能力上的不足，为财务承担数据管理职能提供可能性。基于这些数据应用模型对表外数据和战略损益进行分析和预测，能够有效促进企业战略提升。

但我们应该认识到，由于数据分析需要有丰富的业务洞见能力，单一的依靠财务共享服务中心所分析的数据结果很有可能存在片面性，并脱离业务实质。当前可以考虑将数据分析进行流程分段，财务共享服务中心在其中的职责是数据管理和提供基于系统、模型、逻辑的标准化和口径统一的分析报表，而战略财务和业务财务以财务共享服务中心提供的输出作为基础和线索，展开更为深入、贴近业务实质的分析工作，并直接面向业务用户提供决策支持服务。

12.7　财务共享服务中心展望

12.7.1　数据支持

未来，财务共享服务中心的工作将依托于数据，除了外部金融机构、资本市场、审计税务的信息披露外，通过流程再造实现数据的全面化、标准化、显性化和规范化，进一步夯实数据质量。企业获取数据不再是简单的由人输入到计算机，而更多的是机器通过感应设备获取信息。存储数据不再是企业自身产生的数据，还包括外部数据、社会数据等。数据加工不再是以财务人员对业务数据进行财务判断，更多的是以系统为主的规则判断，人为辅助确认。

12.7.2　依托科技

新一代技术的广泛应用，成为驱动新一轮财务管理变革的主要动力。大数据、云计算、光学识别、机器学习等技术的蓬勃发展，为财务共享平台的资金管理、会计核算、应收应付管理等模块在功能实现上提供了更多的可能。

12.7.3　数字化转型

传统信息技术是为了将 IT 与业务紧密结合，使得业务可以产生相关的数据，进而提升该业务的发展。数字化转型的目的是从数据出发，借助大数据、云计算、人工智能等技术手段对业务进行改造和创新。

大数据技术的出现，使得财务所能够使用的数据量级发生改变，数据从财务向业务、结构化向非结构化、内部向外部的三个扩展能够得到有力的技术支持。

人工智能技术的发展和突破对数据的获取和收集、分类和处理、辅助决策方面提供了可行的技术支撑，大大提高了数据资源采集能力和数据的质量，使企业决策更加精准、科学和有效，从而更好地预测企业未来的发展。

区块链的去中心化、分布式和不可篡改等特点，将会成为数字化转型的关键技术。区块链将个体串联成一个网络，重新构建信任机制和价值网络，会极大颠覆现有的财务管理和共享服务模式。

以上三大技术的创新应用，能够有效实现财务共享服务智能化场景的落地，使得财务的各类主线流程发生颠覆式变革。

12.7.4　丰富职能

利用"互联网+云"，可逐步搭建基于"采购共享+财务共享+税务共享"的业财税一体化智能共享平台，从后端财务向前端业务延伸，通过对接上下游产业链企业、合作金融机构、外部监管系统，打通企业的业务流和财务流，实现交易透明化、流程自动化、数据真实化。

📖 **案例**　H集团财务共享服务中心新技术

通过影像技术(OCR)发挥智能化应用价值

H 集团此前的费用报销是传统的贴票、审批处理到财务入账、付款。数字化环境下的费用报销转变为全部线上审批，通过影像技术(OCR)能够将附件(发票)的非结构化信息全部结构化，自动识别敏感词汇并控制(如发票的备注或者文字信息出现"烟酒"等)，实现传统方式下无法实现的控制诉求。

H 集团此前的发票验证采取网站的验证方式，通过数字化手段，系统自动采集票面信息、发票数据并自动识别全票面信息，自动和税局底账库进行连接，进行发票真伪验证并能够留底数据，实现税务数据分析，助力税收筹划。

通过共享云平台为企业"赋能"

通过云平台为企业赋能，一是降低企业信息化建设成本；二是实现企业内部协同和外部协同；三是云计算高效、准确、灵活等诸多优势必将进一步提高财务共享服务中心工作人员的效率。通过云平台的赋能产生的规模效应，使企业作为使用者更为关注业务本身。

传统模式下，H 集团财务共享中心停留在发票、凭证、核算、支付的集中处理上，未真正地实现数据的实时处理和共享。随着云计算技术的推广和应用，H 集团搭建了共享中心云平台，提升了数据运算力，并且使会计数据在信息存储和安全保密等方面的问题得到妥善解决。

基于数据挖掘技术构建智能财务决策

数据挖掘技术是从大量的数据中发现隐藏的、有价值的知识与信息，这一新型的技术为基于大数据的财务分析、构建财务决策系统提供了强大的技术支持。利用数据挖掘技术，可以实现会计信息系统从核算型转变成经营决策型，为管理与决策者提供有帮助的智能型人机交互信息系统。

H 集团财务共享中心通过数据仓库技术，即联机分析处理(OLAP)技术，数据挖掘(DM)技术、人工智能技术构建智能财务决策支持系统，实现财务决策管理的网络化与智能化。

通过"机器人"促进管理会计体系建设

H集团采用智能财务平台系统，将全公司的会计核算工作集中到一个平台，实现了数据的集合化，分子公司的数据不再分散管理，避免了信息的割裂和各自为政，这不仅大大降低了管理会计基础数据的获得成本，还大大提高了这些基础数据会计信息的可靠性，促进业财一体化。通过机器人，H集团实现银行对账单记录自动下载，并自动按要求整理成导入格式，自动导入对账单，完成银企对账工作，定期生成余额调节表并以邮件方式反馈对账结果，提高效率，防范风险。

本章小结

数字经济时代，微信、网购、网约车、移动阅读、在线搜索、移动支付等已成为大部分人日常生活中离不开的互联网服务。财务共享中心要紧跟时代潮流，应用新兴技术，不断优化与升级，为客户创造更大的价值。

参考文献

[1] 王纹，孙健. SAP 财务管理大全[M]. 北京：清华大学出版社，2005.

[2] 任振清. SAP ERP 应用案例详解[M]. 北京：清华大学出版社，2013.

[3] 任振清. SAP 财务管控：财务总监背后的"管理大师"[M]. 北京：清华大学出版社，2015.

[4] 任振清. SAP 财务管控2：财务总监背后的"管理大师"[M]. 北京：清华大学出版社，2019.

[5] Jens Kruger. SAP Simple Finance：S/4 HANA 财务解决方案[M]. 王强，等，译. 北京：清华大学出版社，2015.

[6] 陈剑，梅震. 构建财务共享服务中心[M]. 北京：清华大学出版社，2017.

[7] 曾晓华. My SAP ERP 运营管理[M]. 北京：东方出版社，2005.

[8] 文样，尹凤霞. SAP 从入门到精通[M]. 北京：人民邮电出版社，2010.

[9] 陈朝庆，兰英. SAP ECC 5.0/6.0 总账系统应用指南[M]. 北京：人民邮电出版社，2007.

[10] 陈虎，孙彦丛. 财务共享服务[M]. 北京：中国财政经济出版社，2019.

[11] 董皓，智能时代财务管理[M]. 北京：电子工业出版社，2018.

[12] 王兴山. 数字化转型中的财务共享[M]. 北京：电子工业出版社，2018.

[13] 张庆龙，聂兴凯，潘丽婧. 中国财务共享服务中心典型案例[M]. 北京：电子工业出版社，2016.

[14] 袁琳. 资金集中控制与结算中心[M]. 杭州：浙江人民出版社，2001.

[15] Stulz. Managerial discretion and optimal financing policies[J]. journal of Financial Economics，1990，26(1)：3-28.

[16] Stein.J.C. Internal Capital Markets and the Competition for Corporate Resources[J]. Journal of Finance, 1997, Vol. 52: 111-133.

后 记

　　在本书的编写过程中，我得到了很多人的帮助，从选题开发、全书架构建立，到观点的阐述等各个方面都给了我很多建议。大家在一起相处的时光、对我的无私帮助和鼓励为我留下了难忘而美好的回忆，在此衷心地感谢每一位支持我的朋友。

　　同时，我也要感谢我的家人、我的爱人对我的鼎力支持，今后我将继续努力，不辜负他们对我的期望。

　　本书到此告一段落，由于受水平所限，书中难免存在一些疏漏，敬请读者朋友批评指正，你们的意见与鼓励将是我前进的动力。

　　我想，终点即是起点，我会为下一个目标而努力！

任振清

2020 年 7 月